英汉翻译策略与文化多元对比研究

李丽娜 著

此著作由武昌理工学院资助出版

吉林人民出版社

图书在版编目（CIP）数据

英汉翻译策略与文化多元对比研究 / 李丽娜著. -- 长春：吉林人民出版社，2021.9
 ISBN 978-7-206-18550-2

Ⅰ.①英… Ⅱ.①李… Ⅲ.①英语—翻译—研究 Ⅳ.① H315.9

中国版本图书馆 CIP 数据核字（2021）第 199879 号

责任编辑：李　爽
封面设计：皓　月

英汉翻译策略与文化多元对比研究
YING HAN FANYI CELÜE YU WENHUA DUOYUAN DUIBI YANJIU

著　　者：李丽娜

出版发行：吉林人民出版社（长春市人民大街 7548 号　邮政编码：130022）
印　　刷：三河市嵩川印刷有限公司
开　　本：787mm×1092mm　　1/16
印　　张：14　　　　　　　　字　　数：282 千字
标准书号：ISBN 978-7-206-18550-2
版　　次：2021 年 9 月第 1 版　　印　　次：2022 年 1 月第 1 次印刷
定　　价：49.00 元

如发现印装质量问题，影响阅读，请与印刷厂联系调换。

前 言

语言是文化的组成部分,也是文化的载体。翻译作为一项涉及两种语言的活动,不可避免地受到两种语言文化的影响和制约。这就意味着翻译不仅是语言转换的过程,更是文化传播的过程。然而,大量的翻译实践证明,对文化的理解不准、传播不佳仍然是翻译中普遍存在的问题。为了满足社会对英语专业人才的需求,提高跨文化交际的质量以及更好地宣扬我国文化,在英语学习过程中,学习者应该了解英汉文化的内涵并努力提高自身的翻译能力。笔者在借鉴相关研究成果的基础上,结合自己多年的研究心得,撰写了本专著,以期为我国的翻译事业发展略尽绵薄之力。

本书内容全面、条分缕析,案例丰富、实用性强。本书适用于英汉文化研究者、英汉翻译研究者及其爱好者。

目 录

第一章 绪论 ·· **001**
    第一节 文化与翻译 ·· 001
    第二节 中西文化对语言的影响 ·· 015
    第三节 中西语言交际比较 ·· 018

第二章 文化差异下的英汉翻译 ·· **024**
    第一节 词汇空缺与文化翻译误区 ·· 024
    第二节 文化差异下英汉翻译的原则 ·· 030
    第三节 文化差异下英汉翻译的策略 ·· 032

第三章 英汉翻译策略分论 ·· **039**
    第一节 英汉词汇翻译 ·· 039
    第二节 英汉句式翻译 ·· 041
    第三节 英汉篇章翻译 ·· 044
    第四节 英汉修辞翻译 ·· 046

第四章 词汇文化对比与英汉翻译 ·· **050**
    第一节 词汇文化对比 ·· 050
    第二节 词汇文化英汉翻译 ·· 063

第五章 语句文化对比与英汉翻译 ·· **073**
    第一节 语句文化对比 ·· 073

第二节　语句文化英汉翻译 …………………………………… 082

第六章　篇章文化对比与英汉翻译 …………………………………… **100**
　　第一节　篇章文化对比 …………………………………… 100
　　第二节　篇章文化英汉翻译 …………………………………… 105

第七章　语用文化对比与英汉翻译 …………………………………… **120**
　　第一节　语用文化对比 …………………………………… 120
　　第二节　语用文化英汉翻译 …………………………………… 130

第八章　修辞文化对比与英汉翻译 …………………………………… **141**
　　第一节　修辞文化对比 …………………………………… 141
　　第二节　修辞文化英汉翻译 …………………………………… 167

第九章　习语文化对比与英汉翻译 …………………………………… **174**
　　第一节　习语文化对比 …………………………………… 174
　　第二节　习语文化英汉翻译 …………………………………… 185

第十章　典故文化对比与英汉翻译 …………………………………… **188**
　　第一节　典故文化对比 …………………………………… 188
　　第二节　典故文化英汉翻译 …………………………………… 195

第十一章　习俗文化对比与英汉翻译 …………………………………… **200**
　　第一节　习俗文化对比 …………………………………… 200
　　第二节　习俗文化英汉翻译 …………………………………… 209

结语 …………………………………… **215**

参考文献 …………………………………… **216**

第一章 绪论

许多国家在基础教育发展战略中，都把英语教育作为公民素质教育的重要组成部分。英语已成为人类生活各个领域中使用最广泛的语言。随着中国日趋国际化，使用英语的范围也越来越广。

第一节 文化与翻译

一、文化的定义

要讨论文化教学，不得不先讨论文化。关于文化的定义，各位学者、专家的观点并不完全一致，可谓是见仁见智。据统计，现存的关于文化的定义已经有 200 多种，这里先就其中较有代表性的定义进行分析。

（一）西方学者的定义

在西方，"文化"一词最初来源是拉丁文 cultura，是动词 colere 的名词形式，其意义是"耕种、居住、保护和崇拜"。在英语中，"文化"曾经被用来指"型"，不过它指的是犁的过程，而并非一种工具。而且这个过程最开始是指耕地，后来引申为培养人的技能、品质。这个词汇通过进一步转义，由活动转喻为物体，从过程转喻为产品、资源、模式。到了 18 世纪，"文化"这一概念在西方思想中获得了第一次重要转义，表示"整个社会里知识发展的普遍状态""心灵的普遍状态和习惯"和"各种艺术的普遍状态"。

学术界普遍认为，英国人类学家爱德华·泰勒（Edward Burnett Tylor）是影响文化定义的第一个重要人物。他的定义可以算作是文化定义的起源，是一种经典性的定义。19 世纪 70 年代，他出版了《原始文化》一书。他在该书中指出，从广泛的民族学意义来讲，文化是一个复合整体，包括了知识、信仰、艺术、道德、法律、习俗以及作为一个社会成员的人所习得的其他一切能力和习惯。这一定义不仅描述了文化的重要内容,而且将文化视为一个多层面的整体,对后来深入和全面地研究文化具有十分重要的影响。

美国社会学家伊恩·罗伯逊(Ian Robertson)强调,从社会学的角度出发,文化包括大家享有的物质的和非物质的全部人类社会产品。其中,物质文化包括一切由人类创造出来的并赋予它意义的人工制品或物体,如衣服、轮子、工厂、学校、书籍、宇宙飞船等;非物质文化则由比较抽象的创造物组成,如家庭模式、思想、语言、风俗、信仰、技能、政治态度等。

萨姆瓦(Larry A.Samovar)等人一直从事交际研究,他们认为文化是若干个世纪内在个人与集团的努力之下,传承下来的知识、经验、价值观、世界观、信念、态度、意义、宗教、角色分工、空间的运用、物质财富等的总体。文化不仅隐藏在处于特定社会的人们的日常行为中,还隐藏在作为交际形态的行为方式中,还隐藏在所使用的语言当中。这个定义中的"时间观念""空间的运用"以及"行为方式"等都是交际中的重要内容。

莫兰(Moran)针对"文化"这一概念,提出了文化产品、文化实践、文化观念、文化个体、文化社群五个要素。其中,文化产品是文化的物理层面,是由文化社群以及文化个体创造或采纳的文化实体;文化实践指文化社群中文化个体之间的交际行为,包括语言交际和非语言交际以及与社群和产品使用有关的所有行为;文化观念反映人们的认识、信念、价值和态度,左右人们的文化交际行为和文化产品的创造;文化个体的所有文化实践行为都是在特定的文化社群中发生的;文化社群包括社会环境和群体,从广义的民族文化、语言、宗教到具体的社会团体、家庭等。基于这五个文化要素,莫兰认为文化是人类群体不断演变的生活方式,包含一套共有的生活实践体系,这一体系基于一套共有的世界观念,关乎一系列共有的文化产品,并置于特定的社会情境之中。

(二)中国学者的定义

在古汉语中,"文化"的最初含义和当下的含义有着很大的差别,其最早出现在汉代的《说苑·指武》中。该文中说道:"文化不改,然后加诛。"这里的"文化"与"武功"相对,有文治教化的意义,表达的是一种治理社会的方法和主张。

金惠康指出,"文化"是生产方式、生活方式、价值观念以及社会准则等构成的复合体。

张岱年和程宜山这样来定义"文化":文化是人类在处理人与世界关系中所

采取的精神活动、实践活动的方式及其所创造出来的物质和精神成果的总和，是活动方式与活动成果的辩证统一。

对以上中外学者的众多定义进行分析，可以将它们分为以下两大类。

1. 广义的文化是人类创造活动的一切，即物质生产活动和精神生产活动所创造的一切成果。从这个角度上说，文化实质上是人类改造自然和社会而逐步实现自身价值观念的过程，代表的是人类独有的不同于动物的生活方式。

2. 狭义的文化是指精神创造活动及其结果。美国的《哥伦比亚百科全书》指出，文化是在社会中习得的一整套价值观、信念和行为规则，它们规定了一定社团中可接受的行为范围。

我国的《辞海》指出，广义的文化是指人类社会历史实践过程中所创造的物质财富以及精神财富的总和；狭义的文化是指社会的意识形态以及与之相适应的制度以及组织机构。

二、文化的分类

对于文化的分类，学术界存在多种观点："两分说"认为文化包括物质生产文化与精神观念文化；"三分说"认为文化分为物质文化、制度文化和精神文化；"四分说"则把文化分成物质、制度、风俗习惯以及思想与观念。李建军认为，文化几乎可以囊括世间的一切物质层面和精神层面。在这里，我们综合各家观点，从不同的视角对文化进行分类。

（一）物质文化、制度文化和精神文化

按照表现形式，可将文化分为物质文化、制度文化和精神文化，这也是当今比较流行的"文化三分法"。

物质文化是人类在社会实践中的物质生产活动以及产品的总和。物质文化是文化的基础部分，它以满足人类最基本的衣食住行等生存需要为目标，为人类适应和改造环境提供物质装备。物质文化直接对自然界进行利用与改造，并最终以物质实体反映出来。

制度文化是指人类在社会实践中建立的各种社会规章制度、法规、组织形式等。人类在创造物质财富的同时，创造了一个服务于自己，同时又约束自己的社会环境，创造出一系列用以调节内部关系，从而更有效地应对客观世界的组织手段。

精神文化是指文化的意识形态部分，它是人类认识主客观关系并进行自我完

善的知识手段,包括哲学、道德、文学、艺术、伦理、习俗、价值观、宗教信仰等。

精神文化是由人类在长期的社会实践活动和意识活动中孕育出来的,也被称为"观念文化",它是文化的精神内核。

(二)知识文化与交际文化

从文化的内涵特点出发,可将其分为知识文化和交际文化。

所谓知识文化,是指在跨文化交际中不直接产生严重影响的文化知识,主要以物质表现形式呈现,如艺术品、文物古迹、实物存在等。而交际文化主要是指在跨文化交际中有直接影响的文化信息。

交际文化主要以非物质为表现形式。在交际文化中,生活方式、社会习俗等属于外显交际文化,易于察觉和把握;而诸如世界观、价值观、思维方式、民族个性特征等则属于内隐交际文化,它们往往不易觉察和把握,但却更为重要。显然,在知识文化和交际文化中,交际文化是需要学者密切研究和关注的重点。而在交际文化中,对内隐交际文化的研究又显得更为重要。因为只有深入研究不易察觉的、较为隐含的内隐交际文化,了解和把握交际对方的价值取向、心理结构、情感特征等,才能满足深层次交往的需要,如政治外交、商务往来、学术交流等。

(三)高层文化、深层文化和民间文化

按照层次的高低,可将文化分为高层文化、深层文化和民间文化。

高层文化又称"精英文化",是指相对来说较为高雅的文化内涵,如哲学、历史、文学、艺术等。深层文化又称为"背景文化",它指那些隐而不露,但起指导作用和决定作用的文化内涵,如价值取向、世界观、态度情感、思维模式、心理结构等。可见,深层文化与前述所提及的内隐交际文化相当。而民间文化又称"通俗文化",它是指那些与人们生活密切相关的文化内涵,如生活方式、风俗习惯、社交准则等。

(四)主文化与亚文化

按照价值体系的差异与社会势力的强弱,可以将文化分为主文化与亚文化。主文化与亚文化反映的是同一个政治共同体内的文化价值差异与社会分化状况。

主文化是在社会上占主导地位的,并被认为应该为人们所普遍接受的文化。主文化在共同体内被认为具有最充分的合理性和合法性。具体来说,主文化包括三个子概念:侧重权力支配关系的主导文化,强调占据文化整体的主要部分的主体文化,以及表示一个时期产生主要影响、代表时代主要趋势的主流文化。其中,主导文化是在权力捍卫下的文化;主体文化是由长期的社会过程造就的;而主流

文化是当前社会的思想潮流。

亚文化仅为社会上一部分成员所接受或为某一社会群体所特有。可见，亚文化所包含的价值观与行为方式有别于主文化，在文化权力关系中处于从属地位，在文化整体中占据次要的部分。亚文化又有休闲亚文化、校园亚文化、宗教亚文化等之分。一般来说，亚文化不与主文化相抵触或对抗。但是，当一种亚文化在性质上发展到与主文化对立的时候，它就成了一种反文化。正如文化不一定是积极先进的一样，反文化也不一定是消极落后的。有时文化与反文化之间只是一种不同审美情趣的对立。在一定条件下，文化与反文化还可以相互转化。

（五）高语境文化与低语境文化

按照文化对语境依赖程度的不同，可以将文化分为高语境文化和低语境文化。语言是人类交流最主要的工具，而人们的交流总是在特定的语境中进行的。

关于语言与语境的关系，美国学者、人类学家爱德华·霍尔（Edward T.Hall）认为，人类的每一次交流总是包含两个方面：一是文本（text），二是语境（context）。

据此，在不同的文化中，人们通过语境进行交际的方式及程度就存在着差异，而这种差异制约着交际的顺利进行。也正是根据这种差异，霍尔将文化分为高语境文化和低语境文化。高语境的交际或信息意味着大多数信息存在于自然环境中或者交际者的头脑里，只有极少数是以符号代码的形式进行传递。而低语境的交际则正好相反，大量的信息借助符号代码来传递。

进一步说，高语境文化是指对语境的依赖程度较高、主要借助非语言符号进行交际的文化；低语境是指对语境的依赖程度较低、主要借助语言符号进行交际的文化。

高语境文化与低语境文化之间还涉及信息转换的过程。具体来说，高语境文化中的文本信息可以轻松地转换成低语境文化的文本信息，但高语境文化中大部分语境信息很难转换成低语境文化中的语境信息，而是需要借助于低语境文化的文本信息来弥补。

（六）评比性文化与非评比性文化

根据不同民族文化的比较，还可将文化分为评比性文化与非评比性文化。

评比性文化是指有明显优劣、高下之分的文化。因此，它是比较容易鉴别价值的文化，人们对它的态度也较为明显。

非评比性文化也就是中性文化，它是指没有明显的优劣或高下之分的文化。

非评比性文化一般与人们的行为方式、风俗习惯、审美情趣等相联系，如行为方式、玩笑方式、禁忌等。

三、文化的特征

（一）动态的可变性

文化的稳定性是相对的，而可变性却是绝对的。文化的可变性具有内在和外在两种原因。

文化可变性的内在原因：文化是为了满足人类生存需要而采取的手段，当生存条件发生变化，文化必然要发生变化。在人类文化史中，因为科技的发展导致了人们思想和行为的变化，所以重大的发明和发现都推动着文化的发展；文化可变性的外在原因：文化传播或者文化碰撞可能使得文化内部要素发生"量"的变化，"量"的变化也可能促使"质"的变化。社会的发展，以及国家、民族之间在经济和政治方面的频繁沟通、交流，都使文化不断碰撞乃至发生变化。例如，佛教的进入导致了中国传统文化的变化；儒家思想等也导致了东南亚文化的变化。

物质形态的文化，其变化的速度和质量远远超过精神形态的文化。例如，发生在衣、食、住、行等方面的变化要比信仰、价值观等方面的变化更加明显。随着改革开放的不断推进，人们的衣、食、住、行等"硬件"都发生了巨大的变化，但是"软件"方面的变化并不明显。

（二）交际的符号性

文化不是从一开始就存在的，而是通过符号加以传授的知识。任何文化都是一种符号的象征，也是人们的思维和行为方式的象征。人类最明显的特征就是符号化的思维和行为，文化的创造过程也就是运用符号的过程，所以说人是一种"符号的动物"。在创造文化的过程中，人类将认识世界和理解事物的结果转化为外显有形的行为方式，因而这些行为方式就构成了文化符号，从而成为人们的生活法则。人们就生活在这些法则的规范之中，生活在充满文化符号的世界之中。人们一方面受到文化的制约，另一方面又在这种文化中展现人生的意义和价值。例如，在中国封建社会，服装的颜色是有等级规定的。随着社会的发展，服装颜色的等级象征已不复存在，只是人们又给服装的颜色赋予了一定的审美意义。

正是这种文化的符号性使得文化和交际具有同一性。文化是"符号和意义的模式系统"，交际是文化的编码、解码过程，语言是编码、解码的工具。只有当交际双方对同一符号的解释完全一致或者非常相近时，交际才有可能顺利进行而不产生误解、冲突。那也就是说，交际过程中的差异是潜在的危险，只有在双方共享一套社会规范或行为准则时，交际才能得以有效进行。

（三）观念的整合性

文化是群体行为规则的集合，可能出现在某一群体的所有成员的行为之中。所以，诸如中国文化、东方文化或西方文化等整齐划一的提法才会出现，某一主流文化中又存在亚文化或群体文化、地域文化等。社会组织、社会关系、社会地位等都属于文化范畴，世界观、价值观等文化的核心成分，规定着人们交际行为的内容和方式。由此可见，文化是一个由多种要素构成的复杂整体，在这个整体中，各要素互相补充、互相融合，共同塑造着民族性格。整个民族文化具有一个或几个"文化内核"，它发挥着整合文化的潜在作用。文化的整合性可以保证文化在环境的变迁中，维持在一定限度的稳定性。由于不同文化有着不同的"内核"，必然会导致价值观念、认知模式、生活形态上的差异，如果交际双方不能理解对方的文化，就会导致交际冲突。

（四）民族的选择性

文化植根于人类社会，而人类社会以聚居集中的民族为区分单位，因此文化也是植根于民族的机体。文化的疆界一般和民族的疆界一致，民族不仅具有体貌特征，还具有文化特征。例如，同为上古文明，古希腊、古印度、古埃及和古中国的文化各有独特性；不同国家也存在着文化差异。当一个社会容纳着众多民族时，不可能保持文化的完全一致，其中必定包括一些互有差异的亚文化，使得大传统下各具特色的小传统得以形成。于是在民族文化的大范围内，多种区域性文化常常同时并存。

因此，文化具有选择性。每一种特定文化只会选择对自己文化有意义的规则，所以人们所遵循的行为规则是有限的。文化的这一特点导致了群体或民族中心主义，因此它对跨文化交际来说十分重要。群体或民族中心主义是人类在交际过程中的普遍现象，人们会无意识地以自己的文化作为解释和评价别人行为的标准，显然，群体或民族中心主义会导致交际失误，达到一定程度时会带来文化冲突。

四、翻译的定义

一听到"翻译"二字，人们就会想要知道它的真正含义。翻译究竟是什么意思？这是一个见仁见智的问题。国内外众多专家学者都对"翻译"下了定义，以下将介绍其中较具代表性的几种。

（一）国外学者的定义

塞缪尔·约翰逊（Samuel Johnson）这样来定义翻译："To translate is to change into another language, retaining as much of the sense as one can."

卡特福特认为，翻译是用译语的等值文本材料去替换源语的文本材料。

翻译理论家费道罗夫（Fedorov）认为，一种语言的内容和形式在高度统一的基础上传达着某些信息，翻译就是用另外一种语言将这些信息传达出来。

著名翻译理论家尤金·奈达（Eugene A.Nida）对翻译所下的定义是：翻译是在目的语中寻找在意义、风格上和源语信息无限接近并且自然的对等话语。

翻译理论家巴尔胡达罗夫（Barkhudarov, M.R.）认为，翻译是将一种语言产物转换成另一种语言而保持内容不变。

彼得·纽马克（Peter Newmark）对翻译所下的定义为："Translating is rendering the meaning of a text into another language in the way the author intended the text."（翻译就是把一个文本的意义按作者所想的方式移译入另一种语言。）

沃尔弗拉姆·威尔斯（Wils）这样来给翻译下定义："Translation leads from a source-language text to a target-language text which is as close an equivalent as possible and presupposes an understanding of the content and style of the original."

根据斯莱普（Slype）的观点，翻译是为了达到意义的对等，用目的语转换源语文本。

图里（Gideon Toury）认为："A translation is taken to be any target-language utterance which is presented or regarded as such within the target culture, on whatever grounds."

克里斯蒂安·诺德（Chrstiane Nord）对翻译下的定义是："Translation is the production of a functional target text maintaining a relationship with a given source text that is specified according to the intended or demanded function of the target text."

（二）国内学者的定义

《辞海》对翻译下的定义是："翻译是把一种语言文字的意义用另外一种语言文字表达出来。"

张今认为，翻译是用来沟通两个语言社会的手段，它要把原作中描述的现实世界的映像，完整地用另一种语言再现出来，从而达到促进本语言社会的政治、经济和文化进步的目的。

依据王克非的观点，翻译是将一种语言文字所蕴含的意思用另一种语言文字表达出来的文化活动。

张培基认为,翻译是准确而完整地用一种语言重新表述另一种语言的内容。中国当代学者王以铸将翻译定义为:"优秀的翻译不是将原文一字一句地硬搬过来,而是传达原来文章的神韵。"

孙致礼认为,翻译是用一种语言传达另一种语言所表达的意义,以达到交流思想情感、传播文化、推动社会文明,特别是促进译语文化发展的目的。侯林平认为,翻译是译者借助思维或信息科技的方法,用近似的译语去表达源语文本的意图,目的在于促进跨文化交际的顺利进行。

五、翻译的过程

翻译的过程是正确理解原文和创造性地用另一种语言再现原文的过程,其包括理解、表达和校核三个阶段。在翻译过程中,理解与表达互相联系,理解是表达的前提,没有正确的理解就没有确切的表达。当译者在理解的时候,他有意识或无意识地在选择表达手段;当译者在表达的时候,他又进一步加深了理解。无论是哪种语言之间的翻译,都需要反复推敲一个语句、一个段落、一篇文章的处理方法。

(一)理解阶段

译者通过分析原文的上下文来达到正确理解的目的,也必须据此来探求正确译法。要想实现确切的翻译,必须透彻地理解原文。这需要译者注意下列几点。

1. 理解语言现象

译者必须根据语境去理解原文的词汇和语句的含义。例如:Suddenly the line went limp. "I'm going back," said Kurth. "We must have a break somewhere. Wait for me. I'll be back in five minutes."

引爆电线突然耷拉下来。库尔思说:"我回去看看。一定是哪个地方断了。等一等,我五分钟就回来。"

在上面一个例子中,有人把"We must have a break somewhere."误译为"我们必须找个地方休息一下"。出现这种翻译错误的原因是他没有根据语境去理解break的意思。break包含多种意义,它既可表示"断",又可表示"休息"。

2. 理解原文所涉及的事物

译者能正确分析原文的语言现象和逻辑关系,但没有透彻理解一些特有的事物或历史背景等。在这种情况下,正确的翻译也是不可能出现的。例如:

John can be relied on. He eats no fish and plays the game.

约翰为人可靠,他既忠诚又正直。

在本例中,to eat no fish 是典故,在英国伊丽莎白女王时代,耶稣教徒为了表示对政府忠诚,拒绝遵守反政府的罗马天主教徒在星期五只吃鱼的习俗,因此该典故是指"忠诚"的意思。to play the game 是习语,转义为"公平对待""为人正直"等。有的译者因为对上述两者不了解,就将后面一句直译为"他一向不吃鱼而且经常玩游戏"。因此,不知不觉就犯了错误。

3. 理解逻辑关系

原文里的词汇和语句可能包含多个含义,译者需要通过语境去理解原文的逻辑关系,从而选择最准确的译法。例如:

It is good for him to do that.

本例存在以下两种不同的意义:(1)这样做对他有好处;(2)他这样做是件好事。因此,译者就需要根据语境来推理,选用一种合乎逻辑的译法。

(二)表达阶段

在表达阶段,译者需要将自己对原文内容的理解用另一种语言重新表达出来。理解深刻影响着表达,但理解正确并不一定能够保证表达正确。因为表达包括以下几种方法。

1. 直译法

直译,不等于一字一字地死译或硬译,而是保持原文的内容、形式和风格等。

例如:But I hated Sakamoto, and I had a feeling he'd surely lead us both to our ancestors.

但是我恨坂本,并预感到他肯定会领着咱们去见祖先。

在上述例子中,译者将第二个简单句直译成"……他肯定会领着咱们去见祖先",不仅再现了原文内容,还再现了比喻的修辞手段。

需要指出的是,直译法不仅有助于保持原文的风格,而且有助于引进外国的一些新鲜词汇、句法结构和表达方式,进而丰富、完善源语语言。例如,"连锁反应"就是 chain reaction 的直译。

2. 意译法

每一种语言在词汇、句法结构和表达方式上都会存在一些不同点,当原文内容与译文的表达形式不一致,意译是一种比较理想的选择。例如:

Don't cross the bridge till you get to it.

不必担心太早。(不必自寻烦恼。)

在本例中,如果将这句话直译为"到了桥边才过桥",读者就会感到莫名其妙,因此意译法是一个理想的选择。

在我国翻译界,关于直译法和意译法的争论已经存在了几十年。对于直译和意译,二者运用的时机不同。如果不注意使用条件,直译就会变成死译或硬译;意译就会变成随意发挥的乱译。

3. 直译法和意译法相结合

要灵活采取不同的翻译手段,实现直译和意译真正的用途。二者并不矛盾,都是为了准确再现原文的内容和形式。有的学者认为,一部优秀的翻译作品总是体现着直译和意译的结合。例如:

She didn't like him much, but if she went out with him, it'd be one in the eye for Kath.

她并不怎么喜欢他,可是如果她跟他一起出去玩,那倒让凯丝心中感到不是滋味。

上述例子也同时兼用直译法和意译法。To be one in the eye 原指"击拳时眼上被击了一拳"。如果把 It'd be one in the eye for Kath 直译为"那倒给凯丝眼上击一拳",貌似通顺,事实上词不达意,因此将其意译为"那倒让凯丝心中感到不是滋味",就更加接近原文的意思。

(三)校核阶段

在校核阶段,译者要进一步核实原文内容并且推敲译文语言。然而,无论在翻译时如何小心谨慎,难免会有漏译或误译的地方。因此,校核就显得非常必要。校核的内容如下:

1. 译文是否存在人名、地名、数字、日期等方面的错误;
2. 检查译文中词汇、语句、段落等方面出现的错误并进行修改;
3. 检查译文中是否有冷僻的词汇或陈腔滥调并尽量加以修改;
4. 通常校核两遍。第一遍着重校核内容,第二遍着重润饰文字。如果时间允许,再把已校核两遍的译文对照原文通读一遍,做最后一次的检查、修改,务必在解决所有问题后再定稿。

六、翻译的标准

翻译的标准是翻译实践的准绳和衡量译文水平高度和好坏的尺度。关于翻译的标准，不同的学者可能有着不同的观点。笔者认为，忠实应该是翻译的唯一标准，这包括功能和文体上的忠实。下面对这两项进行具体的分析。

（一）功能的忠实

功能上的忠实，就是原文有什么样的功能，其译作也应该呈现这种功能。英国著名的翻译家、翻译理论家纽马克（Newmark）认为语言具备六种翻译的功能：表情功能（Expressive Function），主要是表达发话人的思想；信息功能（Informative Function），主要是对语言之外现实世界的反映；祈使功能（Vocative Function），使读者根据文本做出反应；美感功能（Aesthetic Function），使感官愉悦；应酬功能（Phatic Function），使交际者之间保持接触的关系；元语功能（Meta-lingual Function），是语言对自身功能及特点的解释。因此，译者必须弄清楚原文的功能，这样才能使译文忠实于原文的功能。例如，中国人在见面寒暄的时候问"你吃了吗？"并不是想要知道对方吃饭了没有，而是一种客套，在翻译的时候并不能翻译成"Have you had your meal？"这样就会失去原文的功能，应该翻译成 Hello 或者 How are you？等。

（二）文体的忠实

文体不同，对忠实性的要求也就不相同。对于文学翻译和应用文翻译，忠实性要求再现原文的风格。

1. 文学翻译要求再现原作的风格。只有这样，译文读者才可以获得和原文读者同样愉悦的感受。必须注意的是，译者应该用符合译语的自然的语言来对原作品进行再现。例如：

Sweet and low，sweet and low，wind of the western sea，

Low，Low，breathe and blow，wind of the western sea.

译文1：西边海上的风啊，又甜又轻，又甜又轻；

西边海上的风呀，一边呼吸一边吹着，很轻，很轻。

译文2：西边海上的风啊，你多么轻柔，多么安详；

西边海上的风啊，你轻轻地吹吧，轻轻地唱。

在原句中，诗人运用了重复、头韵联珠等修辞格式。所以，译文应该展现出原文表达的音、意、形的美。将两句译文进行一对比，很明显第二句译文较好。

2. 应用文翻译的格式转换。在应用文的翻译中，原文如果是比较正式的，那么翻译成目的语的时候应该转换成译语中相应的格式。例如：

张先生及夫人：

谨定于 2015 年 6 月 1 日星期六晚 7 时举行晚宴，敬请张先生及夫人光临。

地址：北京市西城区虎坊路 166 号

请回复

邀请人：李丽

邀请时间：2015 年 2 月 26 日

译文 1：

Dear Mr.and Mrs.Zhang,

This is to invite you to the dinner party on Saturday，June 1，2015 at 7：00 P.m.

Looking forward to your coming.

Address：166，HuFang Road,Xicheng District,Beijing.

Sincerely yours,

Lili

译文 2：

Mrs.Lili,

Request the pleasure of the company of Mr.and Mrs.Zhang.

At dinner on Saturday，June 1，2015 at 7：00 p.m.at 166，HuFang Road，Xicheng District，Beijing.

R.S.V.P.

第一篇译文传达出了原文的意思，但是并没有兼顾到文体，因此，显得过于随便；而第二个译文就是符合原作要求的，展示其正式性。

七、翻译的价值

要研究翻译，不能回避翻译"何用"的问题，要回答翻译"何用"的问题，需要思考以下三个方面的因素。

第一，翻译之"用"的探讨建立在翻译观的基础之上。不同的翻译观，就会导致对翻译之"用"的不同定位。

第二，翻译之"用"的探讨需依据历史事实。当思考某一个历史时期的翻译现象时，要以对翻译事实的科学分析为依据。

第三，对翻译之"用"的探讨不能局限于某一时期的一件事，而应该采用发展和辩证的眼光。以下将从翻译观出发，系统地探讨翻译的理想作用与实际影响，进而阐明翻译的价值。

(一)翻译的社会价值

翻译活动的社会性导致了翻译的社会价值,也就是翻译推动着社会的交流与发展,翻译对社会发展的推动力需要从源头来进行分析。

1. 廖七一的观点

廖七一曾在《当代英国翻译理论》这一著作中说过,翻译在原始部落的亲善交往、文艺复兴时期的古代典籍的传播以及现在的跨文化交际中,都扮演着无法替代的角色。翻译活动有着悠久的历史、广泛的领域、丰富的形式,这又为翻译提供了客观条件。从本质上说,翻译所起的一种作用是沟通人类的心灵。翻译为克服因语言差异带来的交际障碍,提供了新的解决路径。翻译在给人类带来物质财富的同时,还带来了精神财富。翻译是人类社会交流文明成果的重要手段。因此,没有旨在沟通人类心灵的翻译活动,人类社会就不会像今天这样发达。

2. 邹振环的观点

邹振环在《影响中国近代社会的一百种译作》一书中,具体论述了翻译对中国近代社会的影响和推动作用。他认为,翻译的交际性对社会有一种推动力。

交流是理解的基础,理解是使得世界各民族从狭隘走向包容的原动力。

3. 鲁迅的观点

翻译对社会的推动力,还体现在翻译影响着民族精神和思维。在20世纪的中国,鲁迅对翻译事业做出了最为杰出的贡献。他引进了异域的新思想和精神生活,他以此对国人进行了启蒙教育。

(二)翻译的文化价值

因为文化的丰富关系到文明的进步,所以翻译对于世界文明的发展也起着重要的作用。在分析翻译的社会价值之时,就涉及翻译的文化价值。季羡林认为,无论是在一个国家或民族内,还是在众多的国家或民族间,只要语言文字存在差异,就有翻译存在的必要。翻译是因人类相互交流的需要而出现的,所以翻译可以被理解为一种人类的跨文化交际活动。

(三)翻译的创造价值

从社会层面上来说,任何社会活动都建立在交流的基础之上,而交流所带来的思想解放就是创造的基础。从文化层面上来说,在翻译中引进的所有"异质"因素,都具有创新的作用。从语言层面上来说,翻译只有进行大胆的创造,才能真正引进新事物、新观念。翻译给了原文新面貌、新活力、新生命,使其以新形式面对新的文化与读者。值得一提的是,任何创造都是继承与创新的过程。这种在与"异质"的交流、碰撞与融合中丰富自身的创造精神,就是翻译精神,它是构成翻译创造功能的源泉。

(四)翻译的历史价值

翻译的历史价值,体现在以下两个方面。

1. 经过对人类文明发展史的研究和分析可知,翻译在历史的推进中扮演着重要的角色。每一次重大的文化复兴都伴随着翻译的高潮,如古希腊、古罗马、加洛林王朝的文化复兴以及15—16世纪的文艺复兴,往往以翻译为先锋。

2. 翻译有其不可避免的历史局限性,因为翻译不是一个译者一次就能彻底完成的,尤其是那些个性突出的艺术作品,往往需要许多时代的译者的共同智慧。翻译活动所能达到的交流思想的程度是变化的,因为翻译活动受到人类的认知和理解能力的制约,但这种制约会随着人类历史的发展而不断减少。

综上所述,翻译的社会价值重视交流,翻译的文化价值重视传承,翻译的创造价值重视创造,而翻译的历史价值重视发展。交流传承、沟通、创造与发展,这四个方面也恰好构成了翻译的本质价值所在,它们也是翻译精神的综合体现。

第二节 中西文化对语言的影响

每一个民族的语言都是民族文化的载体,因而,不同的文化造就不同的语言,从语言的结构看,语言中大量的成语、俚语、俗语谚语、格言等都蕴含着丰富的文化信息,具有浓烈的民族特色和地域色彩,通过语言我们可以看出国家的自然环境、生产劳动、社会交往、宗教信仰、成语典故、思维方式。

一、历史文化的影响

一个民族的历史是其社会发展的如实记载,其中收藏着丰富的文化遗产,反映在语言上尤为明显。

历史典故是各民族传统文化中的精华,凝聚着璀璨的艺术光彩。人们常常在不自觉间运用出于各自民族文化遗产的典故,比如中国人会说,"原来是个空城计啊!"西方人则会讲 That's all Greek to me.(我对此一窍不通。)

英语与汉语的成语典故各有自己的民族渊源,可以说相同之处很少。但我们仍然可以找到一些近似的成语典故进行比较。如 One's hair stands on end 与"怒发冲冠"相对应，前者来自描写一个犯人的表情。1825 年英国一个名叫普罗波特（Probert）的偷马贼被判死刑，目击他上绞刑架的人说，犯人由于恐惧而毛发竖立，因此，这个英语习语指的是恐惧，还可以说 make somebody's hair stands on end，相当于"令人毛骨悚然"。

再比如夏日夜空中呈现的亮晶晶的白色带状繁星群，汉语称之为"银河""天河"等，英语则称之 the Milky Way。由"银河"我们联想到民间故事中牛郎织女七夕相会，这是条水深浪急，无法逾越的天堑；而 the Milky Way 则出自希腊神话，可指天后 Hera 给 Hercules 喂奶时滴下的奶汁凝成的一条路，也可指人间通往宇宙宫殿的一条乳白色大道。这个繁星群带给双方的联想竟有天壤之别。

二、地理环境的影响

中国位于亚洲大陆，属大陆性气候，四季分明，夏天最明显的特征便是骄阳似火，炎热难熬。而英国位于北欧北温带，属海洋性气候，夏天明媚温和，令人惬意。在中国人的心目中，"赤日炎炎""酷暑难熬""挥汗如雨"等才是对夏天最恰当的描绘。英国的夏日明媚温和，是最宜人的季节。由此看来，"夏天"给中国人和英国人的联想是完全不同的。

汉语中，"东风"使人想到温暖和煦，杂花生树。唐彦谦的"吹绿东风又一年"便是例证。而"西风"则正好相反，有一种砭入肌骨的味道。马致远的"古道西风瘦马"，黄巢的"飒飒西风满院栽"便是例证。然而英语的情况却与汉语不同。我们会读到 Samuel Butler 的 biting east winds（刺骨东风），Charles Dickens 的 How many winter days have I seen him, standing blue nosed in the snow and east wind!（在许多冬日我都看到他，鼻子冻得发紫，站在风雪和东风之中！）等。

关于西风，则有 John Milton 的 And west winds with musky wing（带有芳香翅膀的西风），John Masefield 的 It has warm wind, the west wind, full of birds, cries.（那是一种温暖的风，西风吹时，万鸟争鸣。）等。两种风在两种语言中的味道截然不同。原因是中国西部高山，东临大海，东风吹来，无比舒心。来自西伯利亚的西北风则凛凛然刺入肌骨；英国是一个岛国，东风来自欧洲大陆北部，故而寒冷，而西风则由大西洋徐徐吹来，温暖宜人。

在英国，人们见面时总喜欢说 Lovely weather, isn't it？之类谈论天气的话语，而在中国见面时总少不了问句"吃饭了吗？"这是因为英国天气变化无常，阴雨天多,这样人们便对天气产生一种特殊的感觉,常常谈论它也是意料中的事。而在中国,吃饭问题长期以来都是人们特别关注的问题,因而成了人们经常议论的话题。

三、英汉语言的相互影响

随着社会的变革和进步,世界各国的语言或多或少一直在变化发展,英语和汉语作为全球最重要的两种语言之一也不例外。特别是第二次世界大战以来,世界各国社会政治经济形势变化多端,科学技术飞速发展,新事物、新思想、新经验的出现要求人们创造新的词汇或给原有词增添新义来满足交流思想的需要。因此,第二次世界大战后的四五十年内英语和汉语在词汇方面出现了空前的迅速发展。英语和汉语在自身发展的同时,也受到对方的影响,从而在各自的语言上产生变化。

世界各国经济的发展,文化交流的日益频繁和深入必然会引起语言的变化。汉语受英语的影响,在许多方面都发生了不同程度的变化,其中最明显的是词汇的变异。而词汇的变异在外来词汇中得到最好的表现。在所有的外来词中,来自英语的词汇不少,英语词汇的"引进"通常有以下几种途径。

(一)音译

大多外来词是采用音译法得来的。采用音译,主要有以下两个原因。汉语中没有对应词能确切传达英语原意,如:休克(Shock)、黑客(Hacker)、沙发(Sofa)、吉普(Jeep)、幽默(Humor)、基因(Gene)、咖啡(Coffee)、桑拿(Sauna)以及一些商标名,如可口可乐(CocaCola)、柯达(Kodak)、雪碧(Spirit)、托福(TOEFL),这类词汇将长存下去。

(二)音译和直译结合

例如:迷你裙(Miniskirt)、唐宁街(Downing Street)、百老汇大街(Broadway)、丁克族(Dinks:double income, no kids)等。

(三)直接引用

例如:PC(Personal Computer,个人电脑)、DIY(do it yourself,自己动手做)、DNA(deoxyribonucleic acid,脱氧核糖核酸)、VIP(very important person,大人物)、IT(Information Technology,信息技术)、DJ(disc jockey,流行音乐唱片节目主持人)、CAI(Computer Assisted Instruction,电脑辅助教学)等。有些词甚至流行于平常百姓之口,因为它们简洁,易于记忆,但并不是所有的人都能理解它们的确切意思。

汉语对英语的影响，主要表现在词汇方面。但这种影响明显地比英语对汉语的影响来得小，主要是因为就语言在全世界范围的使用广度而言，英语是"强势语言"，而汉语是"弱势语言"。在英语语言的发展过程中，它吸收了许多外来语，从而使自身的词汇更加丰富。这些外来语主要来自希腊语、拉丁语、法语、西班牙语、意大利语、德语汉语等。源于汉语的英语词汇有：Tofu（豆腐）、Jiaozi（饺子）、Tai Chi（太极拳）、Chow mein（炒面）、Kongfu（功夫）、Dim sum（点心）、Litchi（荔枝）、Canton（广东）、（Oolong tea）（乌龙茶）等。

借译是从外语中引进复合词或短语的一种方法。借译词的语法和语义是借入的，但是各组成部分用本族语的语音和词素来代替。借译词不只是存在于英语中，其他语言中也大量存在，是一种非常活跃的构词法。英语中的汉语借译词种类繁多，不胜枚举。食品用语 Steamed bread（馒头），New Year Pudding（年糕），Spring roll（春卷）；生活用语如：Long time no see（好久不见），Lose face（丢脸）；文化用语如：Dragon boat（龙舟），Long grown（长衫），Great Heat（大暑），Chinese herbal medicine（中草药），Lantern Festival（元宵节），Chinese writing brush/hair pencil（毛笔）等。

英汉词汇相互影响的历史由来已久，英语中的汉语借词主要是通过音译和借译等手段，作为全新的意义进入英语，并成为规范英语的一部分。它们的特点在于独特性和不可替代性。汉语中的英语借词不仅在发音、词义上影响汉语语言，而且在词形上影响汉语语言。致使汉语语言的音、形、义等方面都受到了巨大的冲击。同时影响的广度与深度都达到了前所未有的程度。综观英语词汇和汉语词汇的相互影响，通过对比可以发现，汉语词汇对英语词汇的影响主要以中国的传统文化为主，而英语则相反，带给汉语的主要是一些反映新事物，新发明及高科技的词汇。而且，汉语词汇对英语词汇的影响小于英语词汇对汉语词汇的影响。

第三节　中西语言交际比较

一、中西语言交际礼貌规则差异

礼貌是各社会各群体共有的普遍现象。事实上世界上各民族都有其独特的原则或准则，各有各的讲究。英国人的礼貌讲究绅士风度，言谈举止彬彬有礼，礼貌被看成是"一封四方通用的自荐书"。人们讲究礼貌蔚然成风,不敢有疏忽。如不把胡子刮得干干净净,哪怕衣领和领带不整洁都是失礼的表现。

中国人也十分重视礼貌,人际交往要"客气"一番,需别人请几遍才接受邀请,往往是双方"客气"了半天没有结果。西方人似乎无暇"客气",接受邀请与否直截了当。因此,中西方不同文化背景的人相互交往,各自按各自的礼貌原则行事,产生误解是很自然的,这是因为,文化不同,讲究的礼貌或遵循的礼貌原则可能大相径庭。又如在西方,向别人提供帮助、关心、同情等的方式和程度是根据接受方愿意接受的程度来定的;而中国人帮起忙来一般是热情洋溢,无微不至。例如:一位中国留学生在美国看到一位老教授蹒跚过车水马龙的马路,出于同情心,他飞步上前挽住老人,要送他过去,但是他得到的却是怒目而视。请看下面的对话:

Chinese student:Mr.White,you are so pale,are you sick?

English teacher:Well...yes...I have got a bad cold for several days.

Chinese student:Well,you should go to a clinic and see the doctor as soon as possible.

English teacher:Er...what do you mean?

中国人建议患上感冒的人马上去看医生,表示真诚的关心,而美国人对此不理解,会认为难道他的病有如此严重吗?因此,只要回答:"I'm sorry to hear that."就够了。

二、中西语言交际行为差异

言语行为是指人们通过言语所完成的行为,如人们在日常交往中相互间的称呼、问候、恭维、请求和告别等。从语言学或交际学的角度看,言语行为是交际过程中的最小单位,是更大单位的交际结构的组成部分。人们在交际时所实施的言语行为会因文化、区域、地区、职业、性别及个人而存在差异。事实上,实施或完成某项言语行为是一个与交际方相互协商的过程,这一过程必须视具体的环境或情景而定。不同社会乃至同一社会的不同群体或言语社团在问候、道歉、感谢、祝贺、邀请、恭维等诸多言语行为方面都有其独特的表达方式,即使是相类似的情景,相同的社会功能,不同文化所使用的言语行为的语句及行为可能截然不同,所采用的策略也可能有天壤之别。

下面将对中西方"称呼""邀请""请求""拒绝""道歉""恭维""感

谢"等言语行为和言语现象进行对比,以进一步增强我们对中西方文化差异的认识与了解。

（一）称呼言语行为

称呼语是日常人际交往中经常发生的沟通人际关系的信号和桥梁,它最能反映出说话人之间的社会关系和社会地位。见面时给予合适的称呼不仅有助于双方保持进一步的接触,而且还能增进相互间的理解和友谊。然而,由于社会结构、血缘关系及文化取向等方面差异的存在,中西方在称呼语系统和称呼语的使用等方面都存在很大差异。

受差序格局的社会结构、传统伦理、血缘、宗族等社会因素的影响,中国社会的称呼系统比较复杂,包括亲属称呼系统和非亲属称呼系统,每个系统都有丰富的称呼词汇。亲属称呼系统中比自己长三辈的有"曾祖父、曾祖母";长两辈的有"爷爷奶奶、外公、外婆"等;长辈的有"爸爸、妈妈、叔叔、婶婶、姑姑、姑父、舅舅、舅妈"等;平辈的有"哥哥、嫂子、姐姐、姐夫、弟弟、妹妹、表哥、表姐、堂哥、堂姐"等。与此不同,在英美家庭中,无论是父亲的父亲,还是母亲的父亲,都称为"grandpa",同样,无论是父亲的母亲,还是母亲的母亲,都称为"grandma";亲属中,与父母平辈的男性都称为"uncle",女性都称为"aunt";而与同辈的兄弟姐妹或年龄相仿的父母辈亲属之间,一般相互称呼名字。

汉语非亲属称呼系统中主要有以下几种称呼类型（前面带姓不带姓都可）：（1）按职衔称呼,如：（张）经理、（王）主任等;（2）按职称称呼（部分）,如：（杨）教授、（李）工（程师）等;（3）按职业称呼（部分）,如：（张）医生、（黄）老师、（林）教练等;（4）按年龄称呼,包括借用亲属称呼如（张）大爷、（李）奶奶、（王）大哥等和用"老"或"小"冠在姓氏上如老张、小王、李老等;（5）泛称,如：（王）同志、（刘）师傅、（邓）先生、（李）女士等。英语中有时也用职务称呼人,但只限于：对高级官员如总统、总理、部长等;对教会人员如神父、修女等;对一些专业人员如医生、教授、博士、船长、军队将领等,称呼时一般使用"头衔+姓"的方式。除此之外,正式的称呼用语还包括"Mr./Mrs./Miss/Ms.+ LN（last name）",其中,Mr. 可用于所有的成年男子,Mrs. 仅用于已婚女子,Miss 用于未婚女子,Ms. 可用于已婚或未婚女子。

在非正式场合下,不论地位和职务高低,西方人一般都愿意直呼其名,而在中国,下级或者小辈很少直呼上级或长辈的名字。

此外,受传统的"贬己尊人"思想的影响,汉语中对别人一方和对自己一方的称呼有很大区别，常常用敬辞来褒扬对方或与对方有关的人、事或行为，以示恭敬，而用谦辞来贬抑自己或与自己有关的人，以示谦虚。例如，称别人的妻室为"尊夫人""令妻"，而称自己的妻室为"贱内""内人""拙荆"。

（二）邀请言语行为

"邀请"这一言语行为是各社会、各群体所共有的普遍性言语行为。然而，不同社会对"邀请"这一言语行为有不同的社会规范，不同的社会期望，因此，中西方对于如何发出"邀请"，对其如何解释，如何反应等会因文化的不同而有差异。

一般来说，对于正式的社交活动，西方人一定会向客人发出书面邀请。但属日常生活中非正式的社交活动，如节假日或周末的聚会、野餐等，邀请者往往通过电话或见面时口头邀请的方式告知客人。在交谈中，西方人常常会说"Let's get together sometime." "Let's have lunch together when things settle down." "We really should have lunch soon." 或 "Why don't we get together one of these days？" 对中国人来说，这些话有时只是结束交谈的一种信号或者是为了达到维系现有良好关系的愿望的表示而已。

在西方，邀请别人时，要尊重别人的个人意见，双方必须经过坦诚地协商。因此，美国人在邀请别人时常说，"...come if you want to"或"Would you like to..."，是要给别人留出自由选择的空间。但是对中国人来说，这种话会让人感觉邀请人不诚恳。

（三）请求言语行为

由于受传统文化及差序格局的影响，中国人实施"请求"行为的语句要么过于"直接"，要么过于"间接"，经常以"暗示"方略请求别人做事情。如："过来一下！""快！""把酒打开！""帮个忙！"等过于"直接"的请求表达。

而间接的表达是说话人在请求之前，可能会尽力为其请求建立一个情景框架，使其请求听起来合理，并使对方有个思想准备。例如，要向领导或老师请假，一般不会直接说"主任/老师，我想请假"，而可能会说"主任/老师，我今天头特别疼"或者"我们家有点急事"。

西方人在请求别人做事情时，经常使用不同的间接式言语行为来表示礼貌，直接和间接的程度主要受制于被请求者和请求者的社会地位、熟悉程度、年龄、性别，以及请求内容或行为的难易程度。被请求者的社会地位越高、年龄越大、涉及的内容越特殊或困难，间接或暗示的程度就越大。另外，"请求"行为的

直 / 间接程度还受环境、场合交际双方的身体距离、气氛等因素的影响。在西方，人们多用句法结构的变化来实现其请求，或依赖语句的言外之力来达到请求的目的。例如：要借别人的笔，按直 / 间接程度的不同，可以说"Give me a pen." "Lend me a pen, please." "Hi, buddy, I would appreciate it if you'd let me use your pen." "Would you please lend me a pen." "I'm sorry to bother you, but can I ask you for a pen？"等。

中国人和西方人在实施请求言语行为时，都可能很间接，但原因不同。中国人是由于传统的思维方式，以及他人或群体取向的影响和面子上的考虑而实施请求的，他们尽量达到既不损害自己也不损害对方的积极面子；而西方则与个人取向密切相关，人们在向他人提出请求时，尽量做到委婉，尽量不给对方一个"强加"的感觉，他们首先考虑的是彼此间的消极面子不受损害。

（四）道歉言语行为

道歉是言语交际中的一种补救性施事言语行为，也是一种礼貌的社会行为。当交际者冒犯了对方的面子时，需要向对方道歉，运用正确的道歉策略可以挽救对方的面子，维护双方和谐的人际关系，达到交际目的。

道歉并不只是那些含有"对不起""请原谅""很抱歉"等字眼的话语，而是所有从功能上起道歉作用的话语，中西道歉言语行为在使用频率、社会功能和策略的选择等方面都存在着一定的差异。

中国文化既强调尊卑长幼有序，又注重内外疏密有别。对陌生人或距离较疏远的人表现得很礼貌客气，距离越远，礼貌程度越高，显性道歉（即直接说"对不起"或"很抱歉"）的频率就越高；而关系亲密的朋友和亲人之间则表现得很随意，轻微的冒犯一般无须道歉，过于礼貌反被认为是见外，让人觉得别扭。例如：在公共汽车上不小心踩了一位陌生人的脚，一般来说，都会马上说"对不起"或"很抱歉"；而如果在家里把家人的脚踩了，大多数情况下都不会说"对不起"或"很抱歉"，因为这样会显得生疏，但是，对家里人却会说"没事儿吧"或"不要紧吧"以表示关心。而在以个人主义取向为主的西方文化中，每个人都被看成是独立、自主、平等的个体，包括家人、朋友和陌生人。所以，无论被冒犯对象是陌生人还是亲密朋友或家人，都应该直接表示道歉，说一声"Sorry"。

（五）恭维言语行为

恭维语是日常交际中经常使用的一种言语行为，它可以用来表示对别人的欣赏、赞美，使对方感觉良好，还可以促进社交，加强交际双方的感情交流，增进彼此的了解和友谊。

根据某些学者的观点，恭维语的内容和话题主要涉及两个方面，一是"外貌"和"所有物"，二是"成就"和"能力"。在西方文化中，恭维他人的"外貌或所有物"是非常普遍的，不管年龄、社会地位、职业如何，女性的外貌永远是被恭维的对象。例如，一位男性可能对其女上司，甚至一位陌生女子说"You look so pretty when you smile."但是，如果类似的恭维发生在中国，则可能被认为犯了禁忌，被认为心术不正或有所企图。

从"人称"的角度看，英语恭维语中使用频率最高的是第三人称，如："This dress is really beautiful." "The dinner is great.";其次是第一人称，如："I like your hair that way！" "I love this dish.",第二人称使用最少。而汉语中第二人称使用频率最高，如："你的女儿真可爱！" "你做的菜真好吃！"其次是第三人称或非人称结构，如："这件衣服真漂亮！" "这幅画很好！"，第一人称使用最少，"I like/love NP"句式在中国文化中则几乎失去了恭维之力。另外，用于汉语恭维语中的形容词，常与副词连用才能表达其恭维之力，如："真好看！" "太漂亮了！"等。

（六）感谢言语行为

汉语和英语中都有许多表示感谢的方式，但使用的场合和频率有所不同。西方人不仅对上司、同事和陌生人的帮助表示感谢，而且对关系十分密切的亲戚朋友或父母、子女的帮助也毫无例外地表示感谢。

中国人在餐馆用餐、商店购物以后都要向服务员表示感谢，感谢他们为自己服务；但是，在西方人的心目中，店家应向顾客表示感谢，感谢他们光临自己的店铺。而且，中国人在接受顾客的感谢时常说"这是我应该做的"，直译成英语就是"That's my duty."，如果这么说会让西方人觉得很尴尬，因为这就意味着"其实我这也是没办法，因为我在这个岗位上。"

（七）告别

在分手告别时，中西方也存在一定的差异。中国人告别时，除了说"再见"，还会关照对方"慢走！" "走好！"，客人也会说"请留步！" "请回吧！"等，以示礼貌。而如果对西方人这么说，他们就会感到困惑。西方人在告别时，除了说"Good-bye！" "Bye-bye！"之外，还常说一些表示祝愿的话，如："Take care！" "Wish you good luck！"等，也常表示与对方会面感到很愉快，如："Nice meeting you." "I'm glad to have met you."等。

第二章 文化差异下的英汉翻译

语言的翻译其实就是文化的翻译,翻译的不仅仅是语言文字,还应该包括目的语国家独特的文化。正是因为文化的独特性,所以才会存在文化空缺和文化翻译误区。因此,只有具备充足的文化知识,并依照一定的翻译原则,采用正确的翻译方法,才能顺利实现交流。

第一节 词汇空缺与文化翻译误区

一、词汇空缺

任何一种语言都反映着一种独特的文化和世界观,它是社会的符号。语言具有表达和认知两种功能,是一个民族进行思维和感知的工具。因此,翻译需要顾及表层的语言及其深层文化。

(一)文化词

语言植根于某种具体的文化之中,文化以某种自然语言的结构为其中心。每一种语言都包含大量具有民族特色的词汇。语言中的词汇就反映着人们的生活状态、价值观念、社会规制等。所以,"文化词"的出现是一种必然,"文化词"是指词的理据与文化历史背景有密切联系的词汇。文化词大体可以分为物质文化词、观念文化词和行为文化词等。

1. 行为文化词

行为文化词是指与音乐、绘画、艺术、文学作品、民俗相关的行为性词汇。例如,汉语中的"乱弹琵琶""贴对联""下海"等和英语中的 Cream Tea,Limerick 等。

2. 观念文化词

观念文化词是指与宗教信仰、社会规制和价值观念等意识形态相关并受其影响而形成的文化词汇。例如，汉语中的"伯伯""叔叔""舅舅""姑夫"等和英语中的"nuclear, family"等与家族结构相关的观念文化词；汉语中的"计划经济""宏观调控"等和英语中的"economic crisis, bull market"等与经济相关的观念文化词；汉语中的"书记""总理"等和英语中的"Prime Minister, President"等与政治相关的观念文化词；汉语中的"拜堂""娶亲""喜酒""洞房""嫁妆"等和英语中的"pub, casino"等与民俗民情相关的观念文化词。

3. 物质文化词

物质文化词是指与人们的生活环境、生活方式等密切相关的各种事物性词汇，包括物质名词、地理名词、习俗名词等。例如，汉语中的"竹""茶""学""莲"等和英语中"tomato, oat"等自然生态文化词；汉语中"四合院""第""琵琶""唢呐"等和英语中"fiat, cabin, piano"等艺术名词等；汉语中的"长衫""旗袍"等和英语中的"jacket, jean"等服饰名词；汉语中的"碗""筷""汤圆"等和英语中"fork, knife"等餐饮名词；汉语中的"长城""黄河""泰山"等和英语中的"castle, high land"等自然景观文化词。

（二）文化缺位词

1. "缺位"的来源

首先，有必要先了解一下"缺位"概念的来历。文化词汇的缺位是文化缺位发展的必然结果。"缺位"这一概念是由美国语言学家霍凯特（Charles P.Hockett）在20世纪50年代对比两种语言的语法模式时提出的。其次，苏联翻译理论家巴尔胡达罗夫（Barkhudarov，M.R.）也提出了非常相似的概念，即"无等值词汇"。到了20世纪80年代末，学者索罗金（Pitirim A.Sorokin）等人正式对"缺位理论"做出了解释。

2. 区别文化空缺词和文化缺位词

在阐释文化缺位词之前，有必要先澄清一下"文化空缺词"的含义，它是只为某一民族语言所特有的文化词汇。它可以形成于历史的长河中，也可以由该民族独创。文化空缺现象普遍存在于不同语言间，如英语中的"frankfurter"（法兰克福香肠）和"shower"（阵雨）等，以及汉语中的"清明"（Sacrificing Day）、"梅雨"（plum rains）、"秋老虎"（old wives' summer）、"三九"（the coldest winter days）等。

文化缺位词汇是指源语中所存在的具有文化内涵的词汇在目的语中找不到同等意义的词汇的情况。例如，形成于美国的"hippie"在汉语中就是文化缺位词。

3. 文化缺位词的分类

文化缺位词分为完全缺位词和部分缺位词。在不同语言中，文化缺位词的翻译策略和方法不尽相同。以下就具体分析文化缺位词的翻译策略和方法。

（1）完全缺位文化词。完全缺位文化词是指一种语言中存在而在另一种语言里处于完全缺位状态的文化词。完全缺位文化词的翻译方法包括音译、替换、转化、意译等方法，选择哪一种方法，要具体情况具体分析。对于物质文化词和部分行为文化词等，可以采用音译法。例如：

Hutong 胡同	Jiaozi 饺子
Xiucai 秀才	Qigong 气功
Taiji 太极	Kungfu 功夫
Litchi 荔枝	Pipa 琵琶
Cigar 雪茄	Soda 苏打水
Sauna 桑拿	Ballet 芭蕾
AIDS 艾滋病	Gene 基因
Model 模特	Sofa 沙发
Utopia 乌托邦	Erhu 二胡

替换、转化、意译法。对于观念文化词而言，为了最大限度地传递原文的文化内涵，可以采用替换、转化、意译等方法。

（2）部分缺位文化词。部分缺位文化词是指在两种语言中都存在相同或者类似的表达，但是只有部分文化内涵对等。例如，中国因为宗族制度的影响，形成了以父系称谓为主干，以母系称谓和妻系称谓为补充的复杂的亲属称谓系统；而西方的称谓系统就比较简单，以姓名称谓为主干，以位次称谓为补充。称谓方式具有丰富的文化内涵，是社会关系的反映。所以，东西方在称谓类型、称谓方式和称谓功能上都存在很大差异。

在文化部分缺位的情况下，译者应该顾及读者对该文化的接受程度，采取一定的补救措施。以汉语的称谓系统为例，对父系系统的称谓加上"paternal"，对母系系统的称谓加上"maternal"，对妻系系统的称谓加上"uxorial"，对长幼加上"elder"或者"younger"，用"elder male paternal cousin"来表示堂兄。

（三）词汇空缺现象产生的根源

文化差异，本质上是由民族思维方式造成的。思维方式是一切文化的主体设计者和承担者。透过表层的语言差异深入文化差异，进而深入文化差异之源——思维方式的研究，对解决翻译中的文化冲突有着极其重要的意义，因为思维方式往往决定一种语言的结构。

1. 螺旋思维与直线思维对比

中国人的思维模式呈现螺旋型，西方人的思维模式呈现直线型。下面对比螺旋思维与直线思维，以便更好地了解中西思维模式的差异，在翻译过程中，能够从中西方螺旋思维方式与直线思维方式的角度译出地道、有效传递原文信息的文章。

（1）中国人的螺旋思维。中国人的思维方式经过长期的发展逐渐形成了一种曲线螺旋型的结构。主要体现在以下两个方面。

在行文方式上，中国人在文章的开篇部分往往选择概括性的、笼统性的话语。具体到每个段落中，常常会包含一些与本章其他部分无关的信息。作者在文章中的观点或意见不会直接地表达出来，只会委婉地、蜻蜓点水式地陈述。

（2）西方人的直线思维。西方人的思维线路是直线型的，因此西方人在行文方式上，以论文为例，其撰写的论文往往在文章开头就已经表明了作者的态度，而且文章总是会有一个固定的中心论点，文章中的细节都是围绕该中心展开论述；而在思考语言的运用时，通常不愿意重复前面已经使用过的词汇或句式。由此可见，西方人的语言通常态度鲜明、直截了当。

西方人主张"天人相分"，认为每个事物是相互独立的，所有的事物都不断地向前发展。因此，西方人无论是说话，还是写文章，一般都更倾向直接表达，而且说话人的立场应该前后一致，不使用无关的信息对事实进行掩盖。西方人的文章一般都是按直线进行展开，切入主题后就直接对段落的中心思想即主题句进行陈述，然后再利用数据的支撑，从多个方面阐述主题，最后得到结论。例如：

I met with the foreign teacher from America on the new campus at 8：00 yesterday evening, whom most of your classmates liked most.

昨晚8点在新校区，我碰到了那位最受你们大多数同学喜爱的来自美国的外教。

从上述例句中可发现，英语原文直接表明所言话语的主题，是典型的直线思维模式，而汉语译文则采用与之相反的螺旋思维模式。在翻译教学过程中，教师需要引导学生注意区分二者之间的差异,从而实现有效的翻译教学。

2. **整体思维与个体思维对比**

中国人习惯整体的思维模式,而西方人习惯个体思维方式,了解这一思维模式的差异,有利于我们在翻译的过程中,注意从目的语的思维模式出发,而不是完全按照母语思维模式进行分析与理解。下面对整体思维与个体思维进行对比,从中体会中西翻译在这两种模式中的不同表达。

(1)中国人的整体思维。中国文化在思维上的一个重要的特征就是直觉的整体性。整体思维是指把认知对象的各部分,或者整体的各种属性当作一个整体来进行研究。

中国古代的哲学思想就是"天人合一",从人心的体验推导到对社会的感悟,以及对自然界的认识。这种思想由来已久。中国传统的哲学观点认为,人与自然、主体和客体都包含在整体之中,整个世界就是一个整体。整体是由部分构成的,欲了解部分必须先对整体有所了解,注重综合概括,反对孤立地看问题。因此,其思维模式和语言观具有"整体思维"的特点,倾向从整体的角度对语言进行感悟。

(2)西方人的个体思维。与中国人的整体思维相反,西方人的思维注重个体。所谓个体思维,是指在思想上把一个完整的认知对象分解开来,对其各分解部分,或者整体的各种属性等分别进行研究。

西方长期以来由于受到历史、宗教等各种因素的影响,逐渐形成了主张"天人相分,主客相分"的文化观点,认为人与自然相分离,人才是万物的中心,应该处于支配和改造的地位。西方文化对个体成分的独立性十分看重,强调形式结构和规则制约,注重细节,力求具体和精确,突出由小到大,从部分至整体,体现了"个体思维"。从语言上来说就是,文章结构必须严谨。

3. **直觉经验性思维与逻辑实证性思维对比**

中国人的思维注重直觉经验性,西方人的思维注重逻辑实证性。另外,众所周知,翻译是传递文化信息的重要纽带和工具,在翻译的过程中需要注意发现中西文化在这一方面的不同,按照中西方不同的思维表达进行翻译。

(1)中国人的直觉经验性思维。中国人重直觉经验性的思维习惯体现在语言上,表现为汉语注重意合(paratactic),即汉语语言表现形式主要受意念引导,表面上语句松散,概念、推理判断不严密,句法功能呈隐性(coven)。例如:

聪明的男子是不会娶有才无德的女子为妻的。

A wise man will not marry a woman who has attainments but no virtue.

从上述例句中可看出，汉语的句式结构没有英语表达得完整，英语译文中的"a, who, but"等在汉语原文中均没有出现。可见，汉语的表达较为侧重语言的意合，体现了直觉经验性的思维习惯。

（2）西方人的逻辑实证性思维。西方人的思维传统就是重视实证，重视理性知识。换言之，西方人的思维是一种理性的思维定式，认为只有经过大量实证的分析才能得出客观的结论。

西方人重逻辑实证性的思维习惯体现在语言上，表现为对"形合（hypotactic）"的侧重。也就是说，英语注重运用有形手段使语句在语法形式上达到完整，其表现形式受到逻辑形式的严格支配，概念所指对象明确。语句层次衔接紧密，结构严谨，句法功能呈外显性（overt）。

例如：

Eric was arrested when he was not aware what crime he had committed.

艾瑞克还不知道自己犯了什么罪，人家就把他给逮捕了。

从上述例句中可发现，英语的表达结构更为严谨、完整，较为侧重形合，体现了西方人的逻辑实证的思维；而汉语译文的表达结构较为松散，反而更加突出英语原文的逻辑实证思维。

二、文化翻译误区

文化具有民族的独特性，这一特点同时也给翻译带来很大的困难。具体表现在三个方面：①对原文化不理解或者理解不到位；②译者只注重字面表达而忽视文化内涵的传递；③忽视读者的认知能力和理解能力。

（一）对原文化理解不到位

文化需要理解和适应。对文化不理解或者理解不到位往往会造成文化信息的严重缺失，甚至是传递错误的文化信息。

（二）忽视文化内涵的传递

文化翻译的第二个误区是只注重字面含义而忽视文化内涵的传递。有的学者认为直译可以达到传播文化的目的。但是，翻译绝对不能仅仅流于简单的字面转换，那样会导致文化内涵的缺失。例如，如果将"五讲、四美、三热爱"译作"Five stresses, four beauties and three loves"，那么就导致了原文和译文的巨大鸿沟，准确的译文应该是"Five manners to promote, four virtues to advocate and three passions to strengthen"。

(三)忽视读者的认知和理解能力

读者是基于已有的认知对作品进行理解,如果原文超越了其认知范围,就会形成错误的理解。翻译作为一种跨文化交际活动,需要考虑到读者的认知和理解能力。例如,Bungi(蹦极),也就是 Bungee jumping,是一种用绳索系住运动者从高空往下跳的富有刺激性的体育活动。中国在 1997 年引进的影片《伪装者》中第一次出现了这个词,音译为"蹦极",当时了解"蹦极"的人非常少。后来该词经常出现在中国报纸上,人们通过查找相关资料才对它的含义有了清晰地理解。再如,国外的运动玩具 yoyo(溜溜球)出现在中学英语教材中,即使教师对它进行了详尽地解释,学生还是感到迷惑不解。后来,因为这种玩具在市场上的频频出现,人们才对此有了了解。

这就表明翻译需要照顾读者的认知能力,做灵活的转换处理,这样才能取得较好的翻译效果。

第二节 文化差异下英汉翻译的原则

有人认为翻译只是一种纯粹的实践活动,无须什么原则进行指导,并提出"译学无成规"的说法。然而,绝大多数人都认为"翻译是一门科学,有其理论原则"。金缇和奈达(Eugene A.Nida)在他们合编的《论翻译》(On Translation)中指出,"实际上每一个人的翻译实践都有一些原则指导,区别于自觉和不自觉,在于那些原则是否符合客观规律"。

文化翻译与一般的翻译不同,不仅要翻译语句的语言含义,还要将语句所表达的文化含义表达出来。在进行文化翻译时要遵循一定的原则,这些翻译原则可以有效帮助译者传达文化内涵。

一、文化再现原则

奈达在《语言·文化·翻译》这本书中提出,翻译中的文化因素应该受到更多的重视,奈达把文化看作一个符号系统,此时文化在翻译中的地位与语言相当。据此,从跨文化的角度来说,翻译原则可以归结为"文化再现(culture reappearance)",这包括以下两个方面的内容。

（一）再现源语文化特色

译者在文化翻译的过程中，必须忠实地把源语文化再现给译语读者，力求保持源语文化的完整性和统一性，尤其不得随意抹杀或更改源语的民族文化色彩。例如，百合花 lily 在西方人心目中象征着贞洁和高贵，而 paint the lily 这句短语字面意思为"为百合花上色"，其内涵意义为"做吃力不讨好的事情"。在"While it may seem to be painting the lily, I should like to add somewhat to Mr.Alistair Cooke's excellent article."这句话中，如果只对单词进行字面翻译，其意思为"阿利斯太尔·库克先生的作品很好，但我还是要稍加几笔，而这似乎是给百合花上色"。这样的表达与原文中所要表达的内在含义相去甚远，译文意思模糊，不明确，没有将源语的内涵意义真正译出。在翻译时应充分考虑其文化内涵，可将其译为"阿利斯太尔·库克先生的作品很好，尽管是吃力不讨好的事情，但我还是要稍加几笔。"就可以彰显其原意了。

（二）再现源语文化信息

语言翻译不仅是两种语言的转换，而且也是两种文化信息之间的转换。翻译的过程实质上就是信息传递的过程。只有译者在翻译中深刻理解和体会语言丰富的文化内涵，并将其完整地呈现出来，才能使人们通过译文同样感受到与原文相同的感情和内涵。因此，在文化翻译中不可只拘泥于原文中的字面意思。例如：

It was Friday and soon they'd go out and get drunk.

对于上述语句的翻译，如果按其字面意思则为"星期五到了，他们马上就会出去喝得酩酊大醉。"这样的翻译虽然忠实且通顺，但目的语读者会对这种说法产生很多困惑——为什么星期五到了人们就会出去买醉呢？很显然，这句话与目的语之间存在信息差，即两者之间存在文化上的差异性，而这些差异性导致了目的语读者看到该翻译后感到困惑。在英国，"Friday"是发薪水的固定日期，所以到了这一天，人们领完工资之后就会出去大喝一场。译者在翻译时不妨将 Friday 具体化，加上其含有的文化信息，把这句话译为："星期五发薪日到了，他们马上就会出去喝得酩酊大醉。"如此一来，"Friday"一词在特定的语境中所承载的文化信息被完整地传递和理解。

二、先内容、后形式原则

我国学者曹明伦认为，在文化翻译中应首先对内容进行转换，内容是意义的实质，形式只是内容的一种表现方式。在无法兼顾内容和形式的情况下，文化翻译时应遵循"先内容、后形式"的原则。例如：

Let me not to the marriage of true minds/Admit impediments；

译文1：我不承认两颗真诚相爱的心/会有什么阻止其结合的障碍；

译文2：我决不承认两颗真心的结合/会有任何障碍；

上述例子源于莎士比亚第116首十四行诗。译文1准确地将源语的文化意义和内涵表达出来。而译文2的形式与源语是一致的，但是在表达文化意义时存在不足，使目的语读者无法通过翻译很好地理解语句的内涵意义。这里所说的障碍并不是指双方家长的阻挠，而是西方的文化习俗。在西方的婚礼文化中，牧师会在婚礼上对新郎和新娘提出质询词，问其是否存在阻碍其结合的因素，如是否达到法定结婚年龄以及是否重婚等。

第三节　文化差异下英汉翻译的策略

如何处理翻译中的跨文化障碍是文化翻译的一个重要问题，适合的翻译策略会使文化翻译变得简单。文化翻译策略中比较有影响力的是"归化法"和"异化法"。除此之外还有一些方法也可以用于文化翻译。

一、归化法

所谓归化法，是指在翻译时恪守本民族的文化以及语言习惯传统，回归本民族语地道的表达方式，要求译者在翻译时无限地向目的语读者靠拢，采取目的语读者所习惯的表达方式传达原文的内容，即使用一种自然、流畅的本民族语表达方式来展现译语的风格和特点。奈达提出的"最贴近的自然对等"概念主张译文基本上应是源语信息最贴近的自然对等。在奈达看来，译文的表达方式应是完全自然的，并尽可能地把源语行为模式纳入译文读者的文化范畴中，不应为了理解源语信息而强迫读者一定得接受源语文化。

归化的优点在于能使读者读起来有一种亲切感，其语言特点与目的语的特点相类似，读起来地道、生动。例如，将"to seek a hare in hen's nest"归化翻译成"缘木求鱼"，而不是"到鸡窝里寻兔"。又如，汉语中用来比喻情侣的"鸳鸯"，如果将其译作"Mandarin Duck"就不能给英语读者带来情侣相亲相爱的联想，而译为"love bird"，可令目的语读者容易理解。再看下面一个例子：

领如蝤蛴，齿如瓠犀。

Her swan-like neck is long and slim; Her teeth like pearls do gleam.

上例中的原文出自《诗经》"卫风·硕人"，是对美人的描写，"蝤蛴"指木中所生长的长白虫，比喻脖颈白而长。"瓠犀"是葫芦籽，形容牙齿清白整齐。译文放弃了原文中的文化形象，直接用"swan, pearls"等英语读者习惯的形象作喻，既直观易懂，又清楚地传达了原文的意思。这就是归化的手法。

此外，对于那些带有民族文化特色的成语与典故，可采用归化法翻译。例如：

Talk of the devil and he will appear.

说曹操，曹操就到。

Fine feathers make fine birds.

人靠衣装，佛靠金装。

You can't make a crab walk straight.

江山易改，本性难移

Fools rush in where angels fear to tread.

初生牛犊不怕虎。

Every potter praise his own pot.

王婆卖瓜，自卖自夸。

仍以霍克思所译的《红楼梦》为例，他的翻译文本读来让人感到好像故事发生在英语国家一样，具有很强的可读性，但其不足的一面是改变了《红楼梦》里丰富的中国传统文化内涵。因此，在采用归化法的时候一定要注意把握好分寸，原文的性质、目标读者、文化色彩的强弱等因素译者都应该考虑在内。

二、异化法

所谓异化法，是相对于归化法而言的，指在翻译上迁就外来文化的语言特点，吸收外来语言的表达方式，这种翻译方法要求译者在翻译时尽量向作者靠拢，采取与作者相同的源语表达方式来传达原文的内容。换言之，异化就是在翻译时保存原作的"原汁原味"。异化的代表人物韦努提从解构主义的翻译思想出发，提出了"反翻译"的概念，他强调译文在风格上应与原文风格保持一致，并突出原文之异，主张要发展一种翻译与实践，以抵御目标语文化占指导地位的趋势，从而突出文本在语言和文化这两方面的差异。翻译的最终目的就是将源语文化介绍给目标语的读者，使其了解源语文化。例如：

他一家子在这儿，他的房子、地在这儿，他跑？跑了和尚跑不了庙。

"Escape? But his home and property can't escape." The monk may run away, but the temple can't run with him.

上例将汉语中的习语"跑了和尚跑不了庙"直接译出，英语读者也不会产生任何误解，而且还使译文生动活泼。

这些低沉的声调在有些委员的心里不啻是爆炸了一颗手榴弹。

（蒋子龙《乔厂长上任记》）

His words dropped like a bombshell.

上例中的"手榴弹"译为"bombshell"，英语读者同样可以体会到"他的那句话"所产生的爆炸性的后果。

著名翻译家杨宪益认为，翻译的基础是人性的共同性，艺术审美的超时空性和文化类同最终消除了历史距离，但不是消除得一干二净，翻译作品可以多一点异域情调。杨宪益夫妇翻译的《红楼梦》就采用了以中国传统文化为归宿的归化原则。他们的译本可以让外国读者领略更多的中国文化、社会习俗和汉语的表达方式。例如：

一时的欢乐，万不可忘了那"盛筵必散"的俗语。

Whatever happens doesn't forget the proverb, "Even the grandest feast must have an end."

上述例子中的"盛筵必散"等都进行了异化处理，保留了中国文化特色，有利于在目的语读者中导入中国的"异域风情"。

随着国际文化交流的增多，许多异化成功的例子已经融为汉语或英语的一部分。例如：

叩头 kowtow

蜜月 honeymoon

纸老虎 paper tiger

丢面子 lose face

保全面子 keep face

综上所述，异化翻译的目的是提倡文化的交流，让译语读者理解和接受源语文化。因此，在翻译过程中译者应该设法保留原文特有的文化内涵，从而达到文化交流和传播的效果。

三、意象替换法

英汉两种语言在各自的发展过程中,逐渐形成了具有独特民族语言特色的表达方式。

英语和汉语中为了增加语句的形象性经常使用一些意象来表达特定含义。由于文化背景不同,相同的意象所承载的文化内涵也不尽相同;有时候相同意义的表达在语句中所使用的意象却是完全不同的。因此文化翻译中,译者应该用"等值体"意象来替换源语中的意象。这样不仅可以使源语信息完成地呈现,还可以使目的语读者轻松接受。

关于英汉文化翻译意象转换的例子还有很多。例如:

挥金如土 spend money like water

牛饮 drink like a fish

像只落汤鸡 like a drowned rat

综上所示,地域等的差异会使文化之间存在差异,文化的差异表现在语言表达上,因此,不同的语言表达同一含义使用的意象不同,在翻译时应力求准确翻译出语句的文化内涵,切忌根据语句的字面意思进行直译。

四、加注法

在文化翻译中,为了便于读者理解,经常采用直译再加以注释的方法进行翻译,这样不仅可以将源语的文化色彩表现出来,还充分考虑了读者的感受。加注法可以采取多种方式达到解释说明的效果,如增词和注释等。

增词指的是在翻译时为了使读者能够理解语句的含义增加一些解释的词。例如:

三个臭皮匠,顶个诸葛亮。

Three cobblers with their wits combined equal Zhuge Liang, the master mind.

诸葛亮在我国历史中可谓家喻户晓,他在中国人心目中是一种智慧的象征。但是对于不了解中国文化的西方人来说,理解这句话的意义很困难,因此,在翻译时有必要加上 with their wits combined 和 the master mind,这样的解释可以帮助西方读者理解语句含义,又可以使我国的文化被更多的西方人所了解。

At 6:10 p.m. December 6, 1973, Gerald Rudolph Ford, raised his right hand in the U.S. House of the representatives, where he had spent twenty-five years working toward but getting the top office of Speaker, and became Vice President of the United

States.

1973年12月6日下午6点10分,杰拉德·伦道夫·福特在美国众议院中举起了右手,宣誓就任美国的副总统。他在众议院中曾度过25个年头,并一直在争取担任议长,但始终未能如愿。

该例句中蕴含的丰富的文化知识,对于熟悉美国文化的人不难理解,但是如果读者对美国的选举仪式不了解就很难理解为什么福特在"美国众议院举起了右手"就可以成为美国副总统。因此,为了便于读者理解,在翻译时应加上注释,如将became一词翻译为"宣誓就任"。

姜太公钓鱼,愿者上钩。

Like Jiang Taigong fishing they have cast the line for the fish who want to be caught.

Note: Jiang Taigong lived in the Chou Dynasty. According to a legend, he once fished in the Weishui River, homing a rod without hood or bait three feet above the water, and saying "The fish that destined to be caught will come up."

这是一个中国的俗语,该俗语具有丰富的文化色彩,翻译时采取直译虽然可以保持文化色彩,但是不利于读者的理解。因此在译文的后面应该加上注释,这样不仅有利于语句的理解,也可以使保持原句的文化内涵。这样有助于弘扬我国的优秀历史文化,利于跨文化意识的形成。类似的例子还有很多。例如:

The staff member folded like an accordion.

这个工作人员就像是合拢起来的手风琴似的——不吭声了。

五、移译法

所谓移译(transference),是指把源语的表达方式部分或全部地移入目的语中,也就是说,译语中保留了源语的书写形式,即文化外壳。在我们的日常生活中,这种翻译随处可见,如卡拉OK、VCD、DVD、E-mail、Internet等。一般来说,这些词汇属于社会语言学层面中的文化词,都具有强烈的时代气息。

从翻译的角度看,这种保留源语书写形式的文化传输,虽然含有很大的文化信息量,而且具有浓郁的时代特征,但这种翻译从本质上来说并不是真正的翻译,只能当作是语词借用(即以"外来词"形式出现)。然而由于这种翻译在高度浓缩中,只保持了语词的文化外壳,摈弃了源语的完整语词表达形式或话语形式,从而实现了"翻译"的交际效用,体现了一定的语用策略。

在翻译中,有时为了照顾目的语读者,也可以采用音译(transliteration)的方法,即按照源语的发音找出译语中读音相同或相近的替代词。例如：

Coca-Cola 可口可乐　　　Disco Bar 迪吧
Disney 迪士尼　　　　　Johnson & Johnson 强生
L'ORÉAL 欧莱雅　　　　Colgate 高露洁
Sony 索尼　　　　　　　Benz 奔驰
Ford 福特　　　　　　　Cadillac 凯迪拉克
Tuina 推拿　　　　　　 Wuxing 五行
Mahjong 麻将　　　　　 Kongfu 功夫

上述词汇，都有其自身特定的文化背景，在某种情形下，这些词汇的使用频率很高，成为文化性流行词。日常生活中，不少人通常会在使用母语交流中夹带外语，一方面突出了母语的谐趣功能，另一方面也彰显了外来词汇浓厚的文化气息。例如：

I'd like to have Jiaozi.

我们靠 E-mail 联络，既方便又快捷。

随着国际社会、文化交流的日益频繁，不同民族将会享有越来越多的共同的认知环境，国际通用的名称和符号也会越来越多，移译凭借其简洁易行的优点将会得到越来越广泛的应用。

六、对译法

任何一种语言都有着丰富多彩的习语。由于认知环境存在差异，不同语言习语的比喻用法也就各不相同。但是，人类的思维方式在很多情况下是相通的，很多时候，一种语言的习语能在另一种语言中找到与之相对应的表达形式，只是有时喻体不同，但其语用含意却是相同或相近的。

这种情况下，就可以采用对译（replacement by synonymous idioms and proverbs）的方法，即将源语的表达方式用译语相对应的表达形式译出，而不改变其文化内涵。例如：

To have the ball at one's feet 胸有成竹

上述例句中的英语原指一个足球运动员已经控制了球，随时可以射门得分，现用以传达"稳操胜券""大有成功的机会"的含义，这与汉语中的成语"胸有成竹"的含义相当吻合，因此可以将其译为"胸有成竹"。再如：

To shed crocodile tears 猫哭老鼠

To laugh off one's head 笑掉牙齿

A drop in the ocean 沧海一粟

需要引起注意的是,翻译人员在应用对译法时不能随心所欲,应尽量避免对文化差异的估计不足而导致的误译。英汉语言中的一些习语虽然在字面意义上相互对应,但其实际隐含意义却相去甚远。例如:

说曹操,曹操就到。

Talk of the devil and he will appear.

在英语中,单词 devil 带有贬义色彩,而在汉语中,"曹操"一词并无贬义,如果按照上面这样对译,就不能很好地传递源语的文化内涵。

第三章　英汉翻译策略分论

翻译是把一种语言文字的意义用另一种语言文字表达出来的双语转换过程或结果。换言之，即用一种语言代替另一种语言来传达同样的信息。对于一些难以理解与掌握的语言现象，译者要透彻地理解原文，务必使译文既准确又完整地表达原意，创造性地把一种语言文字准确而完整地转换成另一种语言文字。

第一节　英汉词汇翻译

一、寻找对等词

寻找对等词是指在目标语中寻找与源语含义相同或相似的词汇。由于英语具有一词多义的特点，所以在翻译过程中寻找对等词时一定要弄清楚源语语境。例如：

As lucky would have it, no one was hurt in the accident.
幸运的是，在事故中没有人受伤。
As lucky would have it, we were caught in the rain.
真倒霉，我们挨雨淋了。

二、词性转换

所谓词性转换，就是将源语中的一种词性的词汇用目标语中另一种词性的词汇进行翻译。例如：

The operation of a computer needs some knowledge of its performance.
操作计算机需要懂它的一些性能。（名词转换为动词）
...and that government of the people, by the people, for the people...

民有、民治、民享的政府。（介词转换为动词）

Official India objects the proposal put forward by the United States.

印度政府反对美国提出的此项建议。（形容词转换为名词）

All the students say that the professor is very informative.

所有的学生都说那位教授使他们掌握了许多知识。（形容词转换为名词）

三、拆译

当原文中的词汇较难翻译，并且在译入语中又很难恰当地译出时，就可以将这些比较难翻译的词从语句中"拆"出，使其成为主句之外的一个补充成分，或重新组合到译入语中。例如：

There is also distressing possibility that Alunni isn't quite the catch the police thought.

还存在这样一种可能性，被抓住的阿路尼不见得就是警察所预想的那个人，这种可能性是让人泄气的。

Every British motorist will tell you that a radar is used most unfairly by the police to catch drivers who are only accidentally going a little faster than the speed limit.

每一位驾车的英国人都知道，警察用雷达来抓那些只是偶尔稍微超速行驶的人，这种做法是很不公平的。

四、增译

增译就是根据意义、修辞和句法上的需要，在原文的基础上增添一些词汇，以使译文符合译入语的行文习惯，并在内容、形式和文化背景与联想意义上与原文相对等。例如：

Day after day he came to his work-sweeping, scrubbing and cleaning.

他每天来干活——扫地、擦地板、收拾房间。

The sky is clear blue now, the sun has flung diamonds down on meadow and bank and wood.

此时已是万里蓝天，太阳把颗颗光彩夺目的钻石洒向草原，洒向河岸，洒向树林。

Basically, the theory proposed, among other things, that the maximum speed possible in the universe is that of light.

就其基本内容而言，这一学说提出的论点，除了别的之外，就属光速是宇宙中最快的速度。

五、省译

省译就是省略原文中需要、而译文中不需要或译出反而显得累赘的词，以使译文更加简练、明确，符合译入语的表达习惯。需要注意的是，省略并不能省略原文的思想或内容。例如：

The sun was slowly rising above the sea.

太阳慢慢从海上升起。

Different kinds of matter have different properties.

不同的物质具有不同的特性。

第二节 英汉句式翻译

一、从句的翻译

1. 名词性从句的翻译

英语名词性从句主要包括主语从句、宾语从句、表语从句和同位语从句，其中主语从句、宾语从句和表语从句可采用顺译法按照原文顺序直接进行翻译。而对于同位语从句的翻译，可以采用顺译法进行翻译，也可以将从句提前。例如：

What he told me was half-true.

他告诉我的是半真半假的东西而已。

They were very suspicious of the assumption that he would rather kill himself than surrender.

对于他宁愿自杀也不投降的这种假设，他们是很怀疑的。

2. 定语从句的翻译

从上述内容了解到，英汉定语差异集中体现在位置的不同上。除此之外，英汉定语从句的发展方向也有所不同，通常英语中定语从句的发展方向为向右，汉语中定语从句的发展方向为向左。因此，在翻译定语从句时可采用以下方法进行处理。

（1）译为汉语中的"的"字结构。例如：

He was an old man who hunted wild animals all his life in the mountains.

他是个一辈子在山里猎杀野兽的老人。

The early lessons I learned about overcoming obstacles also gave me the confidence to chart my own course.

我早年学到的克服重重障碍的经验教训也给了我规划自己人生旅程的信心。

（2）译为并列分句。例如：

He was a unique manager because he had several waiters who had followed him around from restaurant to restaurant.

他是个与众不同的经理，有几个服务员一直跟着他从一家餐馆跳槽到另一家餐馆。

（3）译为状语从句。例如：

He also said I was fun, bright and could do anything I put my mind to.

他说我很风趣，很聪明，只要用心什么事情都能做成。

3. 状语从句的翻译

在翻译英语状语从句时，一般将其译成汉语分句即可。例如：

He shouted as he ran.

他一边跑，一边喊。

The crops failed because the season was dry.

因为气候干燥，作物歉收。

The book is unsatisfactory in that it lacks a good index.

这本书不能令人满意之处就在于缺少一个完善的索引。

二、长难句的翻译

英语非常讲究语句表达的准确性和严谨性，常常借助词汇、语法、逻辑等手段将语句中的各个成分连接起来，使得各个成分环环相扣，因此英语中长而复杂的语句十分常见。而这也正是英语翻译的难点，具体而言，在翻译英语长难句时首先要了解原文的句法结构，明白语句的中心所在以及各个层次的含义；其次分析几层意思之间的相互逻辑关系；最后根据译文的表达方式和行文特点，正确地译出原文的含义。通常，英语长难句的翻译可采用以下几种翻译方法。

1. 顺译

如果英语长句内容的表达顺序是按时间先后或者逻辑关系安排的，在翻译时就可以采用顺译法进行翻译，即直接按照原文表达顺序译成汉语。需要指出的是，顺译不等于将每个词都按照原句的顺序翻译，因为英汉语言并非完全对等，也需要进行灵活变通，例如：

As soon as I got to the trees I stopped and dismounted to enjoy the delightful sensation the shade produced: there out of its power I could best appreciate the sun shining in splendor on the wide green hilly earth and in the green translucent foliage above my head.

我一走进树丛，便跳下车来，享受着这片浓荫产生的喜人的感觉：通过它的力量，我能够尽情赏玩光芒万丈的骄阳，它照耀着开阔葱茏、此起彼伏的山地，还有我头顶上晶莹发亮的绿叶。

2. 逆译

英语语句和汉语语句的表达顺序并非完全相同，在大多数情况下，英语语句与汉语语句在表达相同的意思时在表述顺序上有很大差异，有时甚至完全相反，此时就可以采用逆译法进行翻译，也就是逆着原文顺序从后向前译。例如：

There is no agreement whether methodology refers to the concepts peculiar to historical work in general or to the research techniques appropriate to the various branches of historical inquiry.

所谓方法论是指一般的历史研究中的特有概念，还是指历史研究中各个具体领域适用的研究手段，人们对此意见不一。

Safety concerns over mobile phones have grown as more people rely on them for everyday communication, although the evidence to date has given the technology a clean bill of health when it comes to serious conditions like brain cancer.

虽然迄今为止没有证据能证明手机会导致脑癌等重大疾病，但是由于越来越多的人依靠手机进行日常通信，因而手机安全问题也日益受到关注。

3. 分译

分译又称"拆译"，是指将英语语句中某些成分（如词、词组或从句）从语句中拆出来另行处理，这样不仅利于语句的总体安排，也便于突出重点。例如：

Television, it is often said, keeps one informed about current events, allows one to follow the latest developments in science and politics, and offers an endless series of programs which are both instructive and entertaining.

通过电视可以了解时事，掌握科学和政治的最新动态。从电视里还可以看到既有教育意义又有娱乐性的新节目。

4. 综合译

在具体的翻译实践中,有时很难使用一种翻译方法对原文进行恰当翻译,更多的时候是综合使用多种翻译方法,这样可以使译文更加准确、自然、流畅。例如:

She was a product of the fancy, the feeling, the innate affection of the untutored but poetic mind of her mother combined with the gravity and poise which were characteristics of her father.

她的母亲虽然没受过教育,却有一个含有诗意的心胸,充满幻想、感性且天生仁厚;她的父亲又有一种沉着和稳重的性格,两方面结合起来就形成她这样一个人了。

第三节 英汉篇章翻译

篇章是由词、句组成的,所以篇章的翻译在做好词、句翻译的基础上,要注重篇章的衔接、连贯还有语域,这样才能使译文更加完整,从而符合译入语的表达习惯。

一、篇章衔接

对篇章进行翻译,要正确理解原文篇章,注意通过衔接手段,将语句与语句、段落与段落按照逻辑组织起来,构成一个完整或相对完整的语义单位。例如:

The human brain weighs three pounds, but in that three pounds are ten billion neurons and a hundred billion smaller cells. These many billions of cells are interconnected in a vastly complicated network that we can't begin to unravel yet...Computer switches and components number in the thousands rather than in the billions.

人脑只有三磅重,但就在这三磅物质中,却包含着一百亿个神经细胞,以及一千亿个更小的细胞。这上百亿、上千亿的细胞相互联系形成一个无比复杂的网络,人类迄今还无法解开其中的奥秘……计算机的转换器和零件只是成千上万,而不是上百亿、上千亿。

二、篇章连贯

篇章连贯是话语的重要标志。翻译时只有清楚理解看似相互独立、实为相互照应的句内、句间或段间关系,并且加以充分表达,才能准确传达原文意思。例如:

He was a little man, barely five feet tall, with a narrow chest and one shoulder higher than the other and he was thin almost to emaciation. He had a crooked nose, but a fine brow and his colour was fresh. His eyes, though small, were blue, lively and penetrating. He was natty in his dress. He wore a small blond wig, a black tie, and a shirt with ruffles round the throat and wrists: a coat, breeches and waistcoat of fine cloth, gray silk stockings and shoes with silver buckles. He carried his three-cornered hat under his arm and in his hand a gold-headed cane. He walked everyday, rain or fine, for exactly one hour, but if the weather was threatening, his servant walked behind him with a big umbrella.

他个头矮小,长不过五英尺,瘦骨嶙峋,身板细窄,且一肩高一肩低。他长着一副鹰钩鼻子,眉目还算清秀,气色也还好,一双蓝眼睛不大,却炯炯有神。他头戴金色发套,衣着非常整洁:皱边的白衬衣配一条黑色领带,质地讲究的马甲外配笔挺的套装,脚着深色丝袜和银扣皮鞋。他腋下夹一顶三角帽,手拿金头拐杖,他每天散步一小时,风雨无阻。当然落雨下雪时自有仆人亦步亦趋,为他撑伞。

三、篇章语域

篇章语域涉及篇章的作用和使用场合。不同类型的篇章有着不同的功能,适用于不同的场合。例如,文学语言应具有美感和艺术性,广告语言应具有号召性和说服力,科技语言则应具有专业性和准确性。所以,在翻译篇章时就要注意原篇章的语域,并使译文与原文具有相同的特点与功能,这样才能使译文形神兼备。例如:

Established in the 1950s, East China Normal University, led by the Ministry of Education and nourished by the rich resources of the modern city of Shanghai, has developed quickly among the institutions of higher teaming. It was listed as one of the sixteen key universities in China as early as 1959. Nearly fifty years of development has shaped it into a prestigious comprehensive university, influential both at home and abroad.

Right at the arrival of the new century, we are determined to seize the opportunities, meet the challenges, unite and work as hard as before, and contribute our fair share to the development of ECNU.

成立于20世纪50年代的华东师范大学,得益于物华天宝、人杰地灵的国际大都市上海这片沃土的滋养,又得利于国家和教育部对师范教育的关怀与重视,在全国高教院系调整中发展壮大起来,早在1959年就已跻身于全国16所重点大学之列。经过将近半个世纪的辛勤耕耘,华东师大已经发展成为一所学科比较齐全、师资实力比较雄厚、具有一定办学特色、在国内外具有相当影响的教学科研型大学。

在新世纪到来之际,我们一定要抓住机遇,迎接挑战,励精图治,奋发图强,继续发扬艰苦奋斗、团结协作、勇于拼搏、开拓创新的精神,为华东师范大学的振兴与腾飞,贡献出我们所有的智慧与力量。

第四节 英汉修辞翻译

一、比喻的翻译

1. 直译

英语中的明喻里常有like, as, as if, as though等比喻词,暗喻中常有be, become, turn into等标志词,而汉语明喻中也有"像""好像""仿佛""如"等比喻词,暗喻中也有"是""变成""成了"等标志词,因此在翻译时可采用直译法,这样可以更好地保留原文的语言特点。例如:

A man can no more fly than a bird can speak.

人不能飞翔,就像鸟不会讲话一样。

Today is fair. Tomorrow may be overcast with clouds. My words are like the stars that never change.

今天天气晴朗,明天可能阴云密布。但我说的话却像天空的星辰,永远不变。

2. 意译

有时比喻也不能一味地进行直译,也要根据实际情况采用意译法进行翻译,以使译文更符合汉语的表达习惯。例如:

He is a weathercock.

他是个见风使舵的家伙。

John Anderson my jo, John,

When we were first acquent,

Your locks were like the raven,

Your bonnie brow was brent.

约翰,安德生,我的爱人,记得当年初相遇,你的头发乌黑,你的脸儿如玉。

二、排比的翻译

1. 直译

英语排比的翻译大多可采用直译法,这样既可以保留原文的声音美与形式美,还能再现原文的强调效果。例如:

Voltaire waged the splendid kind of warfare...The war of thought against matter, the war of reason against prejudice, the war of the just against the unjust...

伏尔泰发动了一场辉煌的战争……这是思想对物质的战争,是理性对偏见的战争,是正义对不义的战争……

2. 意译

有些英语排比并不适宜采用直译法进行翻译,此时可以考虑采用意译法进行调整翻译,这样不仅可以准确传达原文的含义,还能增添译文的文采。例如:

They're rich; they're famous; they're surrounded by the world's most beautiful women. They are the world's top fashion designers and trendsetters.

他们名利双收,身边簇拥着世界上最美丽的女人。他们是世界顶级时装设计师时尚的定义者。

3. 增译

为了避免重复,英语排比句有时会省略一些词汇,而汉语排比则习惯重复用词,因此在翻译时就要采用增译法将英语原文中省略的词汇在汉语译文中再现出来,以使译文符合汉语的行文习惯。例如:

Who can say of a particular sea that it is old? Distilled by the sun, kneaded by the moon, it is renewed in a year, in a day, or in an hour. The sea changed, the fields changed, the rivers, the villages, and the people changed, yet Egden remained.

(Thomas Hardy: The Return of the Native)

谁能指出一片海泽来，说它古远长久？日光把它蒸腾，月华把它荡漾，它的情形一年一样，一天一样，一时一刻一样。沧海改易，桑田变迁，江河湖泽、村落人物，全有消长，但是爱敦荒原，却一直没有变化。

（张谷若译）

三、夸张的翻译

1. 直译

夸张这种修辞手法普遍存在于英汉两种语言中，而且两种语言中的夸张在很多地方有着相似之处，因此为了更好地保持原文的艺术特点，可采用直译法进行翻译。

例如：

Yes, young men, Italy owes to you an undertaking which has merited the applause of the universe.

是的，年轻人，意大利由于有了你们，得以成就这项寰宇称颂的伟业。

We must work to live, and they give us such mean wages that we die.

我们不得不做工来养活自己，可是他们只给我们那么少的工钱，我们简直活不下去了。

2. 意译

从上述内容中了解到，英汉夸张在表现手法、夸张用语及表达习惯方面有着很大的差异，因此不能机械照搬原文，而应采用意译法对原文进行适当地处理，以使译文通顺易懂，符合汉语的表达习惯。例如：

She is a girl in a million.

她是个百里挑一的姑娘。

On Sunday I have a thousand and one things to do.

星期天我有许多事情要做。

四、对偶的翻译

1. 直译

在多数情况下，英语对偶可直译为汉语对偶。采用直译法能有效保留原文的形式美以及内容思想，做到对原文的忠实。例如：

Speech is silver, silence is golden.

言语是银，沉默是金。

Ask not what your country can do for you, ask what you can do for your country.

不要问你的祖国能为你做些什么，而要问你能为你的祖国做些什么。

2. 增译

根据语义的需要，在将英语对偶译成汉语时需要将原文中为避免重复而省略的部分增补出来，从而保证译文的完整性，便于读者发现、感知所述内容的对立面。

例如：Some are made to scheme, and some to love; and I wish any respected bachelor that reads this may take the sort that best likes him.

（William Thackeray: Vanity Fair）

女人里面有的骨子里爱耍手段，有的却是天生的痴情种子。可敬的读者之中如果有单身汉子的话，希望他们都能挑选到合适自己脾胃的妻子。

（杨必译）

3. 省略

英语注重形合，汉语注重意合，所以在汉译英语对偶时，其中的一些连接词往往可省略不译，以使译文符合汉语的表达习惯。例如：

Everything going out and nothing coming in, as the vulgarians say. Money was lacking to pay Mr.Magister and Herr Rosenstock their prices.

（O.Henry: A Service of Love）

俗话说得好，坐吃山空，应该付给马吉斯特和罗森斯托克两位先生的学费也没有着落了。

（王永年译）

4. 反译

对偶修辞时常会涉及否定表达，但是英汉语言在表达否定含义时有着明显的不同，因此在翻译英汉对偶时需要运用反译法进行适当转换，即将英语的否定形式译成汉语的肯定形式或将英语的肯定形式译成汉语的否定形式，以使译文与汉语的表达习惯相符。例如：

With malice toward none, with charity for all, with firmness in the right, as God gives to see the right...

我们对任何人不怀恶意，对所有人心存善念，对上帝赋予我们的正义使命坚信不疑。

第四章 词汇文化对比与英汉翻译

研究英汉语言文化必然离不开对词汇的分析。词汇是语言中最小的、能够独立运用的、形体和意义都固定化的造句单位。通过对比，可以发现英汉两种语言中存在着某些异同点。在了解这些异同点的基础上，才能更好地进行翻译。

第一节 词汇文化对比

众所周知，由于英汉语言属于不同的语系，必然会存在着明显的差异。但是，这并不是说英汉两种语言没有任何的相同点和一致性。通过对英汉语言进行对比分析，可以看出英汉两种语言间存在着某些相似性，这些相似性对于揭示和研究语言及翻译极其重要。

一、相同点

英汉词汇文化的相同点主要体现在词类划分上。所谓词类，是指词在语法层面上的分类，即在对语言单位及其组织规律进行研究时对词的划分。对于世界上众多的语言来说，词的分类尽管有着各不相同的项目，但是却有着一定的相同点。在英汉两种语言中，根据词在语句构成中的作用不同，可以将词分为实词与虚词两大类。英汉两种语言在词类划分上存在着大多数相同，也存在着个别的划分不同，如英语中有冠词，而汉语中没有；汉语中有量词，而英语中没有等。这里主要是从其相同点出发，来探讨英汉实词和虚词。

（一）实词层面

1. 名词

名词主要是用来表示人、事物、地点等的名称。例如：

head 头	leg 腿
man 男人	woman 女人
fish 鱼	car 车
China 中国	America 美国

一般来说，英汉名词可以分为两大类：普通名词与专有名词。普通名词又有具体名词与抽象名词、可数名词与不可数名词之分。除了英语名词有复数（如 book → hooks）、可带冠词（如 book → a book → the book）的形式，汉语中用数量词修饰（如书→一本书）这些不同之处外，英汉两种语言的名词在句法功能上基本一致，即都可以作为主语、表语、定语、宾语，与介词构成介词短语等。

2. 动词

动词主要用来表示人、事物等存在或者动作状态的词。例如：

know 知道	buy 买
cry 哭	run 跑

一般而言，英汉动词包含两大类：助动词与实义动词。助动词往往含有应该、可能、意愿层面的含义。实义动词又可以分为及物和不及物两种。例如：

Tom does his work very hard.（及物动词）汤姆工作很努力。

Silence means consent.（不及物动词）沉默即同意。

3. 代词

代词主要是用来代替名词的词，大多数的代词往往具有名词、形容词的功能。例如：

I 我	she 她
he 他	we 我们

一般来说，英汉代词都有性别之分，如英语中的 she，he，it 和汉语中的她、他、它。另外，英汉语言中也存在一些活用的现象，即有些代词并不是实时、具体指代某些人、某些事，而是一种虚化、抽象的指代。例如：

He who returns from the Yellow Mountain won't see mountains.

黄山归来不看岳。

上例中的 he 与"你""我"并不是指代某一具体的人，而是泛指某人，不明性别或在上文未提及。

4. 形容词

形容词主要用于表示人、事物的状态、性质、属性、特征，用来修饰和描写名词或者代词。例如：

old 老的　　　　　　young 年轻的

thin 瘦的　　　　　　fat 胖的

英汉语言中的形容词也存在着共同点，即都可以用副词"很（very）"修饰；都可以出现在表语的位置；都可以充当定语成分来修饰后面的名词。例如：

The boy is very happy.

这个男孩很高兴。

5. 副词

副词主要用于表示地点、程度、时间、频率等含义。例如：

sincerely 真诚地　　　often 经常

really 真正地　　　　quickly 迅速地

angrily 生气地　　　　already 已经

在英汉语言中，副词是较为复杂的。如前所述，英汉副词在语句中都是用来修饰动词与形容词。例如：

He has already got the champion.

他已经得到了冠军。

（二）虚词层面

在虚词层面上，英汉虚词具有如下三个相同特点。

（1）虚词都要以实词或者特定语句为依附，表达语法含义。

（2）虚词不能单独构成语句，不能单独充当句法成分。

（3）虚词不能重叠使用。

英汉虚词的这三大共同点主要是源于虚词无词汇意义。由于汉语中的实词缺乏能够表示语法含义的形态变化，因此虚词不得不承担这一责任，用以表达语法含义。虽然汉语虚词的数量有限，但是使用频率相当高，如助词"的"，几乎人们在说每一句话时都会使用到。同时，同一类的虚词存在着共性，而每一个虚词也会有自身的个性。另外，很多虚词不仅只有一种语法含义，还包含多种语法含义。

同汉语虚词类似，英语虚词也不能单独作为一个语句成分。例如，介词需要与名词、代词构成介词短语；冠词需要与名词结合，附着在名词上，帮助名词说明词义；连词主要起连接作用，前后都需要连接成分，也不能单独作为一个语句成分；叹词用以表达发话人的情绪和情感，需要与后面语句相关联，且后面的语句用以说明发话人情绪或情感的原因、性质等。

二、不同点

在英汉两种语言中，词汇是其重要的构成成分和要素。并且，英汉语言的差异性在词汇层面有明显体现。对英汉词法差异有一个清晰的了解，有助于译者选择恰当、合适的词汇。英汉词法的差异体现的层面非常广泛，这里着重从词形变化、词义关系、文化内涵三个层面加以论述。

（一）词形变化不同

英语具有丰富的语法形态，是一种屈折语言。英语中的名词有可数名词与不可数名词之分，其中可数名词又分为单数名词与复数名词。英语动词有人称、语态、时态、语气、情态及非谓语等形式的变化。综合来说，英语中的名词、动词、形容词、副词等都有词形的变化，并且通过这些词形的变化，英语实现了其在词类、性、数、格、语态、时态的变化，而不需要借助其他虚词。

与英语相比，汉语是"人治"的语言，其词与词的关系需要读者自己解读，是一种非屈折语言。汉语中的语法形态往往是根据上文语境来实现的。由于汉语属于表意文字，其名词没有可数与不可数之分，也没有单复数之分；动词也没有形态变化，其谓语动词的语态、时态等往往通过词汇手段来实现，也可以通过其他任何形式来实现。

由于英汉语言在词形变化上的不同，在翻译时必须多加注意。例如：

The girl is being a good girl the whole day.

这个女孩一整天都很乖。

该例中，原句使用现在进行时态表示某段时间正在发生的动作，即说明该女孩"正""正在"的状态。但是，如果将其翻译成"这女孩一整天正在成为一个好女孩。"显然令人困惑。因此，翻译时通过语境分析，增加"都很"一词来表达原文的"一直""一向这样"的情况，这样的翻译就是根据英汉语的词形变化所做的调整。

（二）词义关系不同

词汇除了具有形态特征之外，还具有约定俗成的词义。对英汉两种语言中词义关系的了解，是翻译实践中的重要环节和基础，有助于译者有效地理解原文的词汇，并找出译文的对应词，从而精准地翻译出来。一般来说，词义关系分为四种：完全对应、部分对应、交叉对应及不对应。当然，完全对应情况这里就不再多说，重点分析后面三者。

1. 部分对应

在英汉两种语言中，有些词在词义关系上呈现部分对应，即这些词的意义有广义和狭义之分。换句话说，英语中词汇范围广泛，而汉语中词义范围狭窄；或者汉语中词汇范围广泛，而英语中词义范围狭窄。例如，英语中的 uncle 一词对应"姑父""叔叔""姨夫""叔父""舅父"等；汉语中的"借"可以用 lend 与 borrow 两个词表示。再如，以汉语中"吃"为例。

吃苦 bear hardships

吃饭 have the meal

可以看出，虽然都包含"吃"这个字，但不同搭配下的词汇所对应的英语也是不一样的。

另外，英汉中有些词汇的指称意义是对应的，但是其内含意义却不同，这也是一种部分对应的情况。例如，英语中的 west wind 从自然现象角度来考虑，其与汉语中的"西风"是对应的；但从地理环境的角度，由于地域的差异性，英语中的 west wind 与汉语中的东风是对应的，都表达和煦、温暖之意。

2. 交叉对应

英汉语言中都存在一词多义现象。但有时候，一个英语词的词义可能与几个汉语词的词义对应；或者一个汉语的词义可能与几个英语词的词义相对应。这就是英汉语词义的交叉对应。例如，read, watch, see 与"读""看""明白"呈现交叉对应的情况。当然，这些词的具体意义往往需要联系上下文语境才能确定。因此，在翻译时应学会根据上下文语境来判断，选出合适的词汇。

3. 不对应

受文化差异的影响，英汉语中很多词带有浓厚的风土习俗、社会文化色彩，因此在对方语言中很难找到相应的词汇对应，这就是英汉词汇的不对应现象，又称为"词汇空缺"。例如：

hamburger 汉堡包　　　　chocolate 巧克力

hippie 嬉皮士　　　　　　bingo game 宾果游戏

（三）文化内涵不同

各个社会有其独特的文化，文化包罗万象，在社会的各个层面都有所渗透。

语言也属于一种特殊的文化,是文化的写照和载体。由于词汇是构成语言的基石,因此各民族文化的特性往往在词汇层面上有所体现。而词汇的文化内涵差异主要体现在词义层面。之前已经重点论述了三种词义关系,下面就深层次分析其蕴含的文化意义,即情感意义、联想意义、象征意义。

1. 情感意义

英语中的 peasant 一词从历史上看带有明显的贬义色彩,代表社会地位低下、缺乏教养等一类的人;而汉语中的"农民"虽与之字面意义相同,但是其情感意义却大相径庭,汉语中的"农民"指的是那些从事农业生产的劳动者,是最美的人,在情感上富有褒义色彩。因此,在翻译时需要将"农民"翻译成 farmer 更适合,替代 peasant。

2. 联想意义

英汉语言中有大量比喻性词汇,如成语、典故、颜色词、植物词等,这些词具有生动、鲜明的联想意义及民族文化特色,一定程度上是不同民族思维方式和习惯的反映。虽然很多词汇的本体可以对应,但存在明显的文化内涵差异,即具有不同的联想意义或缺少相对应的联想意义。例如:

beard the lion 虎口拔牙　　as timid as a rabbit 胆小如鼠

black sheep 害群之马　　drink like a fish 牛饮

3. 象征意义

受英汉各自民族文化的影响,英汉很多词汇也呈现不同的象征意义,尤其是颜色词、数字词与动植物词等。也就是说,在不同语言中,同一概念可能被赋予了不同的象征意义。例如,red 与"红"虽然都可以象征喜庆、热烈等,但英语中的 red 有时象征脾气暴躁,如 see red,而这在汉语中是不存在的。

(四)构词方式不同

词是语言的基本单位,但不是最小的单位,其可以划分成一些更小的成分。对构词方式进行研究主要侧重于词的内部结构,从而找出组成词的各个元素的关系。在构词方式上,英汉语言存在着一些差异之处。

1. 复合法

所谓复合法,是指将两个或者两个以上的字(词)按一定次序排列构词的方法。英语中的复合法的词序的排列一般会受词的形态变化影响,且会使用后面一个词来体现整个复合词的词性。例如:由复合法构成的英语词汇较多,可以由两个分离的词构成,也可以由两个或多个自由词素构成。常见的书写形式可以是连写，如 silkworm（蚕）等，可以是分写；如 tear gas（催泪弹）等，也可以是连字符连接的形式；如 honey-bee（蜜蜂）等。与汉语复合词相比，英语复合词更强调词的形态，即复合词中的每个构词成分都必须是自由的，可以独立成词。例如，stay-at-home（留守者）可拆成三个独立的成分：stay，at，home。

英语中以分写形式存在的复合词也很容易与短语混淆，因为它们在形态上难以区分。例如，复合词 flower-pot（花盆），easy-chair（安乐椅）与短语 brick house（砖房），good friend（好朋友）等。辨别这种类型的复合词与短语，一般情况下可依照以下三个标准。

首先，区别重音。分写形式的复合词的重音一般在前，如 hot-line（热线）。而短语的重音一般在后，如 good friend；其次，区别意义。大多数分写形式复合词的意义不是简单的字面意义的相加。例如，green hand 意思为"新手"而不是"绿色的手"。最后，区别内部形式。分写形式的复合词在语法上是一个最小的句法单位，内部形式不能随意更改。例如，不能将 hot-line 变为 hottest line 的形式。

总体来说，英语复合词的构词格式要多于汉语。以名词为例，目前所搜集到的英语复合名词的构词格式有 19 种，而汉语有 12 种。英语复合词的内部形式也包含主谓结构、动宾结构、偏正结构、并列结构等，但是这些结构中所包含的形式却比汉语复合词复杂。

主谓结构：

n.+v.：toothache（牙疼），heartbeat（心跳）

v.+n.：telltale（告密者），glowworm（萤火虫）

v.-ing +n.：wading bird（涉水鸟），washing machine（洗衣机）

动宾结构：

v.+n.：knitwear（针织品），push button（按钮）

n.+v.：handshake（握手），book review（书评）

n.+ v.-ing：story-telling（讲故事），sightseeing（观光）

v.-ing +n.：chewing-gum（口香糖），drinking-water（饮水）

偏正结构：

n.+v.：gunfight（炮战），telephone call（电话）

n.+n.：water snake（水蛇），goldfish（金鱼）

v.+ v.：helpmeet（伴侣），make-believe（假装）

a.+ a.：dark green（深绿色的）

a.+n.: open-air（户外的）

并列结构：

n.+n.: girlfriend（女朋友）

a.+a.: bittersweet（苦甜相间的东西）

v.+v.: hearsay（道听途说）

n.-and-n.: milk-and-water（无味的）

v.-and-v.: hit-and-run（肇事逃逸的）

同样，复合法在汉语词汇构成中占有很大的比重，如"子孙""石板"等。《现代汉语词典》中对"复合词"的解释是"由两个或两个以上词根合成的词"。此外，还有学者认为此解释不够全面，需加上"由实语素构成"的条件，也就是说汉语中的复合词必须含有两个或两个以上的词根，同时语素要含有实义。

实际上，汉语中复合词的认定是有一定困难的，其与派生词、短语的区分标准与界限都不是十分的明朗。

关于复合词与派生词的区别，二者的不同点在词根上。复合词全部由词根构成，而派生词中含有词缀。这里的问题是，汉语中的词缀本身就是意义虚化的结果，因此无法明确地判断其是否是词缀，为此周荐提出了"定位性"与"能够性"的标准。

赵元任曾针对复合词与短语的区别，提出了一些鉴定复合词的标准。

（1）轻、重音的位置。复合词的重音在最后一个音节上，如"博士"。

（2）词汇的构成成分是粘着的，还是自由的。构成成分是粘着的是复合词，反之是短语。

（3）意义是综合的还是词汇的。意义是综合的为短语，是词汇的为复合词。例如，"大衣（不是指衣服的大小）、半瓶醋（不是指装了半瓶子的醋）"等。

但是，他的鉴别标准还是存在一些不足，每一种标准中也有很多例外的情况。例如，有的学者认为"博士"一词应为派生词。随着研究的深入，不少学者也提出了更加完善的区分方法。

总体来说，汉语复合词的构成主要是受逻辑因果关系和句法结构关系的制约，主要存在"主语+谓语""限定词+被限定词""修饰语+被修饰语""动词+补语""动词+宾语"等几种形式。例如：

因果关系：冲淡、打倒。

时间顺序：早晚、古今、开关。

主谓结构：头痛、事变、私营、笔误、国有。

动宾结构：唱歌、将军、跳舞、通讯、施政。

偏正结构：滚烫、奖状、手表、敬意、雪白。

并列结构：笔墨、大小、得失、尺寸、医药。

2. 缩略法

所谓缩略法，顾名思义就是对字（词）进行缩略和简化。英语词汇中的缩略法较为复杂。英语中的缩略词按照构词方式一般可分为四种类型，分别是节略式、字母缩合式、混合式与数字概括式。

（1）节略式。所谓节略式，就是截取全词中的一部分，省略另一部分的形式。节略式缩略词有四种。

去头取尾：

aerodrome → drome（航空站）

helicopter → copter（直升机）

取头去尾：

executive → exec（执行官）

September → Sept.（九月）

去头尾取中间：

refrigerator → fridge（冰箱）

prescription → scrip（处方）

取头尾去中间：

employed → empd（被雇佣的）

department → dept（部门）

（2）字母缩合式。字母缩合式是提取一个短语或名称中的首字母或其中的某些字母进行缩合而形成的节略词。根据不同的发音特点，字母缩合式节略词也可以分为字母词、拼缀词与嫁接词三类。其中字母词是按照字母的读音；拼缀词按照常规发音。有时为了读音的方便，在选取短语或名称中主要成分的首字母而忽略非主要成分。也有一些词在缩合时，为了顺应发音，从个别成分中提取两个字母；嫁接词的读音是字母加拼读，这种形式是将短语或名称的第一个成分的首字母与第二个成分的全部缩合而成的。

字母词：

unidentified flying object → UFO（不明飞行物）

Voice of America → VOA(美国之声)

拼缀词:

acquired immune deficieney syndrome → AIDS/eidz/(艾滋病)

beginner's all-purpose symbolic instruction code → BASIC/beisik/(BASIC 语言)

嫁接词:Defense Notice → D-Notice(防务公告)

Victory Day → V-Day(二战胜利日)

nuclear bomb → N-bomb(核弹)

(3)混合式。英语中的混合式缩略词有两种形式,一种是选取短语或名称的两个成分 A、B 的部分缩合成新词,另一种是成分 A 或 B 的部分加上另一种成分 A 或 B 的全部缩合而成。混合式缩略词按普通词拼读。

A 头 +B 尾:

fruit + juice → fruice(果汁)

A 头 +B 头:

situation + comedy → sitcom(情景喜剧)

communications + satellite → comsat(通信卫星)

teleprinter + exchange → telex(电传)

A+B 尾:

work + welfare → workfare(劳动福利)

tour + automobile → tourmobile(游览车)

lunar + astronaut → lunarnaut(登月宇航员)

A 头 +B:

telephone + quiz → telequiz(电话测试)

Europe + Asia → Eurasia(欧亚地区)

automobile +camp → autocamp(汽车野营)

(4)数字概括式。英语中数字概括式的缩略词与汉语中相似,也可以分为两种类型。

第一,提取并列成分中相同的首字母或对应字母,并用一个数字进行概括,置于词前。例如:

copper,cotton,corn → the three C's(三大产物:铜、棉花、玉米)

reading,writing,arithmetic → the three R's(三大基本功:读、写、算)

第二,用一个有代表性的词概括出词汇所代表的事物的性质或特征,并前置一个表示数量的数字。例如：

earth，wind，water，fire → four elements（四大要素：土、风、水、火）

Aglaia，Euphrosyne，Thalia → the three Graces（三女神）

通过上述分类可以看出，汉语缩略词的读音与原词的形式关系十分密切，其读音是按照原词的读音。而英语缩略词中有很多字母组合词是按照字母发音的，与原词的发音大相径庭。此外，与汉语缩略词相比，英语缩略词的数量更多。

汉语中的缩略词按照构成方式可分为四种：选取式、截取式、数字概括式和提取公因式。

（1）选取式。选取式是将词汇中有代表性的字选取出来。

第一，选取每个词的首字。例如：

科学研究→科研　　　　　政治委员→政委

文学艺术→文艺　　　　　劳动模范→劳模

第二，选取第一个词的首字和第二个词的尾字。例如：

战争罪犯→战犯　　　　　外交部部长→外长

扫除文盲→扫盲　　　　　公共关系→公关

第三，选取每个词的首字和全称的尾字。例如：

安全理事会→安理会　　　执行委员会→执委会

文艺工作团→文工团　　　少年先锋队→少先队

第四，选取全称中最有代表性的两个字。例如：

中国人民政治协商会议→政协　　北京电影制片厂→北影

第五，在一些并列全称中选取每个词的首字。例如：

亚洲、非洲、拉丁美洲→亚非拉

（2）截取式。截取式是用名称中一个有代表性的词代替原有的名称。

第一，截取首词。例如：

同济大学→同济　　　　　南开大学→南开

第二，截取尾词。例如：

万里长城→长城　　　　　中国人民志愿军→志愿军

（3）数字概括式。

第一，提取词汇中的相同部分，并用一个数字进行概括，且置于词首。

例如：湖南、湖北→两湖

工业现代化、农业现代化、国防现代化、科学技术现代化→四化

会听、会说、会读、会写→四会

第二，用一个有代表性的字或词概括出词汇所代表的事物的性质或特征，并前置一个表示数量的数字。例如：

两眼、两耳、两鼻孔、口→七窍　　心、肝、脾、肺、肾→五脏
春、夏、秋、冬→四季　　　　　　伏羲、燧人、神农→三皇
《大学》《中庸》《论语》《孟子》→四书

（4）提取公因式。提取词汇中相同的部分进行合并。例如：

进口、出口→进出口　　　　中学、小学→中小学
工业、农业→工农业　　　　优点、缺点→优缺点

3. 词缀法

所谓词缀法，是指在词基的基础上添加词来构词的方法。英汉语言中都有词缀构词法。

英语中有非常丰富的词缀，加缀法也是英语词汇最主要的构成方式之一。以核心词根为基础，通过添加不同的词缀，可以形成众多新词，以 nation 为例：

national/internationalization/internationalize/international/internationality/internationalist/internationalism/internationally/international/nationhood/nationwide/nationally/nationality/nationalizer/nationalization/nationalize/nationalism/nationalist/nationalistic/nationalistically 等。

与汉语不同，英语中的词缀没有独立的形式，不能单独使用，必须依附在词根或词干上才能构成词汇，且前缀和后缀的位置也很固定，前缀不能后置，后缀也不能前置。

英语词缀大约有 200 个，前缀 107 个，后缀 79 个。这些词缀中有许多已成为单词不可分割的一部分，在研究词缀时，很少将它们独立分离出来进行分析。例如，前缀 ac-（变体 al-，at-，ad- 等）可构成 allot（分配），attend（出席），admit（承认）等。在分析英语词汇中的加缀法时，通常是研究在这些词的基础上加词缀构词的情况。例如，allotment，attendance，readmit 等。

（1）前缀。英语前缀的特点是词汇意义较明显，主要作用是改变词义。

因此，按照意义进行划分可以分为 9 大类。

表否定：in-（变体 ir-，il-，im-），non-，dis-，un-，a-；

表贬义：mis-，mal-，pseudo-；

表方向态度：contra-，pro-，anti-，counter-；

表时间：fore-，pre-，ex-，post-，re-；

表反向或缺失：dis-，de-，un-；

表程度：co-，hyper-，micro-，out-，sub-，sur-，under-，arch-，extra-，macro-，mini-，over-，super-，ultra-；

表方位：fore-，intra-，tele-，extra-，inter-，super-，trans-；

表数：di-，semi-，hemi-，uni-，bi-，multi-，demi-，tri-，mono-；

其他：neo-，proto-，auto-，pan-，vice-。

还有一类前缀能够改变词性，这类前缀的数量随着英语的发展在不断增加，传统的说法中只有3个：be-，a-，en-。在当代的研究中又发现了许多。例如，un-（unearth），inter-（interlibrary），pro-（pro-conservation）等。

（2）后缀。英语后缀的主要作用是改变词根的词性。根据这一特征，可以将后缀分为4大类。

①名词性后缀：

加在名词后表"人"或"物"：-er，-ette，-ster，-eer，-ess，-let；

加在动词后表"人"或"物"：-ee，-er，-ant，-ent；

加在名词后表"性质"或"状态"：-dom，-ful，-ing，-ship，-age，-ery（-ry），-hood，-ism；

加在动词后表"性质"或"状态"：-al，-ance，-ence，-ment，-age，-ation，-ing；

加在形容词后表"性质"或"状态"：-ness，-ity；

加在名词后表"民族、人"或"信仰、语言"：-an，-ite，-ese，-ist；

②形容词性后缀：

加在名词后：-ful，-less，-ly，-al（-ical，-ial），-ic，-ed，-ish，-like，-esque，-ous（-ious，-eous，-uous）；

加在动词后：-ative（-sive，-ive），-able（-ible）。

③动词性后缀：

加在名词和形容词后：-en，-ize（-ise），-ate，-ify。

④副词性后缀：

加在名词后：-wise；

加在形容词后：-ly；

加在名词或形容词后：-ward（-wards）。

在上述分类中，尽管同一类型的后缀都可以加在名词、动词或形容词后，但不同的词干对应的后缀是相对固定的。例如，-eer 和 -er 都可以加在名词后表示"人"，但是诸如 auctioneer（拍卖者）只能使用 -eer，Londoner（伦敦人）只能使用 -er，二者是不能互换的。

此外，有些后缀加在同一词干后能够表示相同的意思，但是词化的程度不同。有学者认为，-ice，-ey，-ity 与 -ness 相比，词化程度更高。例如：

justice → justness

sensibility → sensibleness

normalness → normality → normalcy

通过对比可以发现，汉语词缀与英语词缀之间并没有一一对应的关系，有些汉语词缀在英语中无法找到对应形式，只能以单词的形式体现。

例如：

阿姨 auntie　　　　阿婆 granny

阿爹 dad　　　　　桌子 table

杯子 glass　　　　鼻子 nose

有些汉语词缀可以同时对应多个英语词缀。例如：

不：un-，im-，dis-，ir-，non- 等；

超：sur-，super-，ultra-，over- 等

与英语类似，汉语中也有词缀构词法，并且其意义与英语也较为类似，即表示在具有意义的词根的基础上增加意义的词缀。一般汉语中的词缀构词也包含前缀构词与后缀构词。例如：

阿 + 哥 = 阿哥　　　老 + 先生 = 老先生

桌 + 子 = 桌子　　　哥 + 们 = 哥们

需要指出的是，从汉语层面说这些词缀可有可无，但是添加上会使得话语更加圆润。

第二节　词汇文化英汉翻译

通过上节英汉词汇文化的对比可以发现，由于不同的历史、文化、表达习

惯等的原因,汉语词汇与英语词汇间既存在着共同性,同时也具有差异。受汉语表达习惯的影响,不少译者在进行英汉词汇互译时往往会将汉语词汇的内涵迁移到英语词汇中去,从而出现语用错误。因此,对英汉词汇文化翻译的探讨也是非常必要的,不仅有助于提高英语学习和翻译的能力,还有助于提升跨文化交际的能力。

一、词义的选择

英语中一词多义的情况比较常见,这是因为英语词汇的含义常常受到很多因素的影响。因此,对词义进行选择是十分必要的。

(一)以上下文为依据

当同一个词处于不同语境时,其含义也常常发生变化。所以,要想判断、确定某个词汇在具体语境中的含义,应以上下文为依据。例如:

Land animals are thought to have developed from sea animals.

陆地动物被认为是由海洋动物进化而来的。

The photographer develops all his films.

那位摄影师所有的胶卷都是由他自己冲洗的。

Scientists have succeeded in developing many new plants.

科学家已经成功地培育出了很多的植物新品种。

很明显,上述例子中都包含 develop 这个词,但是却有着不同的内涵,译者应该根据上下文来判断具体的含义。

(二)以词性为依据

英语中有很多单词具有多个词性,且当词性不同时,其意义也不同,这就使以词性为依据来进行词义判断成为可能。换句话说,在翻译的过程中可先确定某个单词的词性,并据此来判断其含义。例如:

I'll go right after lunch.

午饭后我马上去。

In England, we drive on the left side of the road, not the right side.

在英国,车辆靠路的左侧行驶而不是靠右侧行驶。

He hoped to be absolutely right about this issue.

他希望在这个问题上绝对正确无误。

The ship righted itself after the big wave had passed.

大浪过后,船又平稳了。

He exercised his legal right as President to halt the investigation.

他行使了总统的法定权力去阻止这场调查。

上述四个例子中,第一个语句中的 right 为副词;表示"马上,立刻",第二个语句中的 right 为形容词,表示"右侧的";第三个语句中的 right 为形容词,表示"正确无误的";第四个语句中的 right 为动词,表示"使回复到适当的、正确的位置",此处译为"平稳";第五个语句中的 right 为名词,表示"权力"。因此,译者可以根据词性来判断词义。

(三)以专业领域为依据

例如:在很多情况下,某个单词的意义会由于专业领域的不同而发生变化。

Tom got the boot for frequently coming late.

汤姆因经常迟到而被解雇。

He booted the ball across the field.

他把球踢到场地的另一头。

上面两个例子中,第一个语句的 boot 表示"解雇",而第二个语句的 boot 表示"踢"。因此,译者在翻译时可以以专业领域作为依据。

二、词义的引申

英语与汉语中的词汇含义并非完全对应,在翻译中遇到这样的情况时,就需要进行词义的引申,通常包括以下四种。

(一)基本义引申

所谓基本意义,就是一个词汇的原始意义或直接意义。在基本意义的基础上进行引申所得到的新义就是引申义。一般来说,引申出来的新义与其基本意义之间既有一定的联系,又存在明显的差别。例如:

We are eager to benefit from your curiosity.

殷切希望从你们的探索精神中获益。

本例中,curiosity 的基本含义为"好奇心",在此处引申为"探索精神"。

His estimate of Hitler was cold-blooded and honest.

他对希特勒的评价是客观的。

本例中,cold-blooded 本义是"冷血的",在这里引申为"客观的"。

（二）形象性引申

在很多情况下，某个单词在英语与汉语中具有不同的形象，这就要求译者进行适当的引申与变化，从而使译文易于理解与接受。例如：

Every life has its roses and thorns.

每个人的生活都有甜和苦 / 酸甜苦辣.

本例将 roses 与 thorns 分别引申为"甜美、幸福"与"痛苦，生活中不如意的事物"。

See-sawing between partly good and faintly ominous, the news for the next four weeks was never distinct.

在那以后的四个星期内，消息时而部分有所好转，时而又有点不妙，两种情况不断地交替出现，一直没有明朗化。

本例将 see-sawing 引申为"两种情况不断地交替出现"。

（三）具体化引申

在翻译原文中的一些较笼统、较抽象的词汇时，为了使译文与目标语的表达习惯相一致，译者可对这些词进行具体化引申，即将其引申为意义明确具体的词汇。例如：

The car in front of me stopped, and I missed the green.

我前面的车停住了，我错过了绿灯。

本例将 green 引申为具体的事物"绿灯"。

（四）抽象化引申

现代英语在表达一个概念、一种属性或一个事物时，常常使用一个较具体的词汇。在翻译这类词汇时，可将其引申为汉语中的抽象概念，从而降低汉语读者的理解难度。例如：

During the 1970s, he was an embryo teacher, but he was very confident.

20 世纪 70 年代，他还是一个初出茅庐的外语教师，但是他却非常自信。

本例将 embryo 从"胚胎"引申为"初出茅庐"。

The application of laser in medicine is still in its infancy.

激光在医学中的应用仍然处在发展的初期。

本例将 infancy 从"婴儿"引申为"发展的初期"。

三、转译法

无论在表达方式还是在语句结构等方面,英语与汉语都存在着明显的差别,在翻译过程中实现原文与译文在词性上的对应不太现实。因此,译者采取转译法,即对词性进行适当转换就具有十分重要的意义。

一般来说,中西词汇翻译中的转译法主要包括以下四种情况。

(一)转译为动词

1. 名词转译为动词

第一,英语中具有动作意义的名词可在汉语译文中转译为动词。

例如:

A change of state from a solid to a liquid form requires heat energy.

从固态变成液态需要热能。

The sight of the boy reminds me of his passed father.

看到那个男孩,使我想起了他已故的父亲。

第二,英语中具有动词与名词两种词性的词,或者由动词而派生出来的名词常被译为动词。例如:

The application of electronic computers makes a tremendous rise in labour productivity.

使用电子计算机可以大大提高劳动生产率。

The book is a reflection of the Chinese society.

这本书反映了中国社会。

第三,一些用来表示职业或身份特征的名词在译为汉语中的动词。例如:

Some of my colleagues are good singers.

同事中有些人歌唱得很好。

He was always an unwelcome intruder.

他经常冒失地闯进别人家里。

2. 形容词转译为动词

英语中表示欲望、知觉的形容词作表语时,可转译成汉语的动词。例如:

Granny Li is very fond of children.

李奶奶很喜欢孩子。

Success is dependent on his efforts.

成功与否取决于他的努力。

3. 副词转译为动词

英语中的很多副词在汉语过程中常被译为动词。例如：

As he ran out, he forgot to have his shoes on.

他跑出去时，忘记了穿鞋。

How long will she be away?

她要离开多久？

4. 介词转译为动词

一般来说，具有动作含义的英语介词或介词短语翻译时可转译成汉语动词。例如：

Are you for or against the plan?

你赞成还是反对这项计划？

I paid fifty yuan for an old bicycle.

我花50元钱买了一辆旧自行车。

（二）转译为名词

1. 动词转译为名词

第一，英语中一些由名词派生或转用的动词可转译成汉语名词。例如：

She designs for a famous shop.

她在一家著名的商店做设计师。

The university aims at the first rate of the world.

学校的目标是成为世界一流的大学。

第二，如果英语被动句被译成汉语中的"予（加）以+名词""受（遭）到+名词"结构时，该英语动词转译成汉语名词。例如：

He was snuffed by the top-ranking officials there.

他受到那边高级官员们的冷遇。

His image as a good salesman was badly tarnished.

他作为一个好推销员的形象，已遭到很大的玷污。

2. 形容词转译为名词

一些对性质、特征进行描绘的英语形容词常被转译为汉语名词。例如：

The more carbon the steel contains, the harder and stronger it is.

钢的含碳量越高，强度和硬度就越大。

The true, the good and the beautiful always exist in comparison with the false, the evil and the ugly, and grow in struggle with the latter.

真、善、美总是在同假、恶、丑相比较而存在，相斗争而发展。

此外，英语形容词与 the 连用时，常表示某一类人。这种表达方式也常被转译为汉语名词。例如：

They are going to build a school for the blind and the deaf.

他们将为盲人和聋人修建一所学校。

He had deep sympathy for the insulted and the injured.

他对受侮辱的人和受损害的人有深厚的同情心。

3. 副词转译为名词

为了达到特定的表达效果，英语中的有些副词也可转译成汉语名词。例如：

They have not done so well ideologically, however, as organizationally.

但是，他们的思想工作没有他们的组织工作做得好。

I love having Fridays off.

我喜欢每星期五休息。

（三）转译为形容词

1. 名词转译为形容词

英语中一些由形容词派生的名词在汉译过程中常为转译为形容词。例如：

We found difficulty in solving this complicated problem.

我们感到，解决这个复杂的问题挺困难的。

As he is a perfect stranger in the city, I hope you will give him the necessary help.

他对这座城市是完全陌生的，所以我希望你能给他必要的帮助。

此外，一些与不定冠词连用且在句中充当表语的名词，也常被转译为汉语形容词。例如：

The blockade was a failure.

这次封锁是失败的。

2. 副词转译为形容词

有时候，英语中的某些副词也可以转译为汉语中的形容词。例如：

Sometimes we have had to pay dearly for mistakes.

有时我们不得不为错误付出昂贵的代价。

（四）转译为副词

1. 名词转译为副词

当一些名词或名词短语与句中其他成分之间具有一定逻辑关系时可将其转译为汉语副词。例如：

It is our great pleasure to note that China has made great progress in economy.

我们很高兴地看到，中国的经济已经有了很大的发展。

2. 动词转译为副词

英语中一些具有副词含义的动词可被转译为汉语副词。例如：

I succeeded in persuading him.

我成功地说服了他。

3. 形容词转译为副词

根据翻译需要，一些英语形容词也可以转译为汉语副词。例如：

The pictures give a visual representation of the situation.

这些图片直观地展示了当时的情景。

四、增译法

所谓增译法，是指在翻译过程中适当增加一些单词或词组。增译法的目的在于从语言形式、语法、语义等层面提高译文的可读性与可接受程度，通常出于以下两个方面的考虑。

（一）根据语义需要

由于英汉语言在词汇用法、搭配习惯、句法结构等方面的差异，翻译过程中常常为了使语义更加清晰、明白而增加一些原文中没有的词汇。例如：

This typewriter is indeed cheap and fine.

这部打字机真是价廉物美。（增加名词）

Reading makes a full man, conference a ready man, writing an exact man.

读书使人充实，讨论使人机智，写作使人准确。（增加动词）

"Army will make a man of him", said his father.

他的父亲说："军队会把他造就成一个堂堂正正的男子汉。"（增加形容词）

The hungry boy is wolfing down his dinner.

那个饥饿的男孩正狼吞虎咽地吃饭。（增加副词）

The Americans and the Russians have undergone a series of secret consultations.

美俄双方已进行了一系列的秘密磋商。（增加概括词）

Auto companies have been forging across-border alliances in recent years to share technology, which has become increasingly complex and expensive to develop.

近年来，各家汽车公司一直在打造跨国联盟以分享技术，因为技术研发已经变得日益复杂并且成本昂贵。（增加关联词）

（二）根据句法需要

由于英语与汉语在语法规则、表达方式方面的差异，英语中有时会省略一些语句成分。因此，汉译时应采取增译法，从而使译文信息更加完整。例如：

Into the dim clouds was swimming a crescent moon.

一钩新月渐渐隐没在淡淡的云彩里了。（增加量词）

The chief manager said, "They say my father was a beggar. Maybe he was as hard as we are."

总经理说："听人说，从前我爸爸是个讨饭的。他过去也许跟我们现在一样艰难。"（增加表时态的词）

Their host carved, poured, served, cut bread, talked, laughed, proposed health.

他们的主人，又是割啊，倒啊，服务啊，切面包啊，谈啊，笑啊，敬酒啊，忙个不停。（增加语气助词）

五、减译法

所谓减译法，是指将原文中的一些词在译文中予以删减。需要特别说明的是，采取减译法应严格遵循"减词不减义"的原则，即不能将原文中的重要信息或中心思想删除，而应将一些与译文表达习惯不一致或者可有可无的内容予以删除。例如：

A square has four equal sides.

正方形的四条边相等。（删减动词）

She laid her hand lightly on his arm as if to thank him for it.

她轻轻地把手放在他的胳膊上，好像表示感谢。（删减宾语代词）

He shrugged his shoulders, shook his head. cast up his eyes, but said nothing.

他耸耸肩，摇摇头，两眼看天，一句话不说。（删减物主代词）

It's the way I am, and try as I might, I haven't been able to change it.

我就是这个脾气,虽然几经努力,却未能改正过来。(删减人称代词)

It was out of the question to fly to the moon in the past.

在过去,飞往月球是绝对办不到的。(删减冠词)

Early to bed and early to rise is the way to be healthy and wise.

早睡早起使人健康聪明。(删减连词)

第五章 语句文化对比与英汉翻译

语句是能够独立表达完整语义的语言结构单位,是比词汇更高一级的语法层次。由于英汉两个民族在心理特点、思维方式、语言发展历史等方面的不同,英汉两种语言在句法文化方面也存在很大差别。

第一节 语句文化对比

简单来说,英汉句法文化的差异主要表现在修饰语的位置、语序、结构、连接方式、句型层次以及被动语态等方面。

一、修饰语位置的对比

英语是以综合型为主、向分析型过渡的语言,语序相对稳定,同时又有灵活变化;汉语是分析型语言,语序整体上较为固定。英汉语句在定语、状语等修饰语的位置方面存在诸多不同。

(一)定语位置的对比

1. 英语定语的位置

英语单词作定语一般位于名词前(特殊情况下需放在名词后),短语与从句作定语时大多位于名词后(少数情况,也可将词组放在名词前)例如:

an epoch-making event 划时代的事件

a justice case 正义的事业

There are many people who want to see the film.

许多人想看这部电影

Words are living things, the very bodies in which ideas and emotions become materialized.

文字是有生命的东西，是体现思想和情感的实体。

英语中定语的先后次序通常遵循下面几个原则。

（1）多个不同词类的前置单词定语的排列顺序为：限定词定语—形容词定语—分词定语—动名词定语—名词定语。例如：

Mark Twain was a famous American writer.

马克·吐温是一位著名的美国作家。

（2）多个形容词定语的排列顺序为：数量—外观—形状—年龄—颜色—国籍—材质—用途。例如：

The gallery is having a show of French oil painting.

画廊正在展示法国油画。

Her sister was in a snappy little red dress.

她的妹妹穿着一件漂亮的小红裙。

需要特别说明的是，英语中有些形容词的次序较为特殊。例如，描述身体特征的形容词需放在表示情感特征与性格特征的形容词前面，如 the pale anxious patients 等；表示颜色的形容词需放在表示情感特征与性格特征的形容词后面，如 a big furry brown dog。

2. 汉语定语的位置

汉语的定语一般位于中心词之前，且修饰语不会太长，数量也不会太多。例如：

武装部队　　　　　　变化了的世界

宁静的绿色田野　　　一个温和、可爱的熟人

有时，汉语中会出现多个定语修饰中心词的现象。多重定语的顺序应遵循下面的规律。

（1）带标志"的"的定语通常位于不带标志"的"的定语前面。例如：

高浓度的有害液体　　黑色的呢子大衣

（2）多种定语通常根据逻辑关系来排序，和中心语言关系越紧密的定语离中心语位置越近。例如：

地处塔里木盆地边缘的生产哈密瓜的小镇很热闹。

那个穿黑色西装的北方人是我的高中同学。

（3）结构复杂的定语通常位于结构简单的定语前面。例如：

新分配来的英语老师

刚从国外进口的数学用的数码录音设备

通过上述分析可以发现，英汉两种语言中如果同时两个或两个以上的单词定语位于所修饰的名词前，其顺序是不同的。具体来说，英语习惯将说明事物本质的定语放在最接近其所修饰的名词的位置。与之相反，汉语通常是将最能说明事物本质的放在最前面，而将表示规模大小、力量强弱的定语放在后面。因此，在对英汉句法文化进行翻译时应注意根据具体语境来进行适当地调整。试比较下面几例。

a small red wooden table 一张红木小圆桌

an excellent public transportation system 发达的公共交通系统

an outstanding contemporary Chinese writer 一位中国现代优秀作家

（二）状语位置的对比

1. 英语状语的位置

英语的状语位置相对复杂。具体来说，单词构成的状语一般可以放在动词前，也可以放在动词后，根据需要可放在句首或句尾。例如：

Given bad weather, I will stay at home.

如果天气不好，我就待在家里。

To everyone's surprise, he refused.

让每个人都感到惊讶的是，他拒绝了。

His father became so angry that he couldn't speak.

他的父亲气得说不出话来。

当语句中需要使用多个状语时，英语的习惯语序是先小概念、后大概念，先地点、后时间。例如：

John was born in Chicago in 1975.

约翰于1975年生于芝加哥。

She went out of the room at a quarter to 22:00 last night and then disappeared into the dark.

她昨晚9:45点从房间里出来，然后消失在黑暗中。

2. 汉语状语的位置

在汉语语句中，状语一般位于主语之后，谓语之前。有时，为了强调，汉语中可以将表示时间、处所、范围、条件、情态、关涉对象的状语放在主语之前。

例如：

昨天他已经检查了三遍了。

她在阅览室查阅资料。

通过投票，他担任了公司总经理。

语句中多个状语连用时，汉语的顺序一般是先大概念、后小概念，先时间、后地点。例如：

玛丽在实验室里认真地做专题实验。

会议代表昨天上午在会议室热烈地讨论了朱总理的报告。

4月1日午夜，奇迹终于发生了。

二、语序的对比

英汉两种语言在构建语句和安排语句内各小句顺序方面，存在一些相似之处，但是也存在很多不同点。

（一）英语的突显语序

英语偏好突显语序。英语语句在陈述信息时，通常将重要的信息置于句首。

突显顺序在信息安排方面的处理原则主要包括以下几条：先因后果；先前景，后背景；先表态，后叙事。

1. 先果后因

英美人在表达时通常习惯先说结果，后表明原因。因果关系多体现在主从复合句中。例如：

There are many wonderful stores to tell about the places I visited and the people I met.

我们访问了一些地方，遇到不少人，要谈起这些，我有许多奇妙的故事要讲。

本例英语原文依据先结果后原因的原则，将信息中心放在了语句的前面。

2. 先前景，后背景

前景通常是指信息的焦点、重要的信息；背景则指事件发生的时间和地点以及其他伴随状况等次要信息。英美人习惯将最重要的信息置于句首，然后再给出背景。例如：

The street was deserted. I stood alone under a tree with all entanglement of bare branches overhead. Waiting for the last bus to arrive.

在寂寞的马路旁疏枝交错的树下，等候最后一辆汽车的只有我一人。

在本例中，英语原文中为了突出前景而将"under a tree with all entanglement of bare branches overhead. Waiting for the last bus to arrive."的背景信息放在句尾，从而减轻了句首可能出现的重叠。

3. 先表态，后叙事

当语句中叙事部分和表态部分同时存在时，英语通常会先表态，后叙事，表态部分通常很简短，叙事部分则相对较长。例如：

It is regrettable that the aggressive market strategy of Japanese colleagues and their apprentices in Korea has resulted in destructive price erosion for consumer electronics goods.

我们的日本同行和他们的韩国"徒弟们"以其野心勃勃的市场战略破坏性地降低了民用电子产品的价格，这是令人感到遗憾的。

英美人通常是先表达个人的感受、观点、态度以及结论，他们认为这比较重要，然后才交代理由与事实，形成一种头短尾长的结构形式。

（二）汉语的时序统御

汉语语句主要是依循事件的自然进程而铺展的。自然时序在信息安排方面的处理原则如下：先偏后正，先因后果；先背景，后焦点；先叙事，后表态。

1. 先偏后正，先因后果

在汉语中，不论是什么语体，语句的排列结构往往是先偏后正，先因后果，这一点是符合时序规律和逻辑规律的。相比而言，在英语中，这些语句要素的位置则较为灵活，可以在前，也可以在后，原因在于英语的形态形式手段多于汉语，可以很好地控制语义关系。汉语在表达分句之间的关系时，通常是依靠整体的语义连贯和相对固定的语序来实现。例如：

他身体很弱，不能动手术。

He cannot be operated as he is very weak.

在本例中，汉语原文首先表明原因，然后给出结果。而英语的语序则正好相反。

2. 先背景，后焦点

汉语语句一般是先介绍背景情况（如地点、时间、方式等），接着点明话语的信息中心。例如：

我们进来的时候，他正坐在火边。

He was sitting before the fire when we entered.

在本例中，汉语原句先介绍了时间信息——"我们进来的时候"，然后点出信息中心——"他正坐在火边"。译成英语，语序与之相反。

3. 先叙事，后表态

在汉语中，通常是先叙事，再做出评判与表态。例如：

有朋自远方来，不亦乐乎。

It is a great pleasure to meet friends from afar.

在本例中，汉语原文将叙事的部分放在句首，然后进行表态，这与汉语的定语修饰语与中心语的顺序一致。

三、结构的对比

（一）英语的语句结构

英语凸显主语，语句往往会受形式逻辑的制约，采用"主语—谓语"结构，并且主语与谓语之间有着紧密联系，也构成了英语常见的主谓句。

一般而言，英语语言中会运用各种连接词将具有限定、修饰、补充并列等作用的短语或者从句附于主干上，因此英语语句多为树形结构。例如：

This is the cat that killed the rat that ate the malt that lay in the house that Jack built.

那只偷吃杰克房子里麦芽的老鼠，被这只猫捕杀了。

上例英语原文有明显的主谓结构，其中主谓句是"This is the cat."然后由后面 that 引导的从句附于这一主干上，对主干进行修饰和限定。

（二）汉语的语句结构

汉语凸显主题，语句往往会受思维逻辑的制约，采用"主题—述题"结构，其中主题一般是已知的信息，指的是说明的对象；而述题是未知的信息，是对上述主题的描写、叙述、解释、评议等。

一般来说，汉语的主谓宾结构排列比较松散，往往依靠语句成分间的隐形逻辑来贯穿，表达完整意义，就像一个个小竹节，因此汉语语句多为竹形结构。例如：

爱子心切，母亲背着小儿子、拖着大儿子，在冷雨中徒步行走了 40 千米的冰路。

上述汉语例句并没有使用"由于""因为"等连接词汇，但是根据短句间的逻辑关系，可以完全读懂其存在的因果关系，且语句中使用了"背""拖""行走"等多个动词直接连接，不需要任何其他连词。

四、连接方式的对比

(一)英语的连接方式:形合

根据《美国传统词典》(American Heritage Dictionary),形合(hypotaxis)是指"The dependent or subordinate construction or relationship of clauses with connectives, for example, I shall despair if you don't come."即语法手段是英语语句之间的主要连接方式。

具体来说,以形显义是英语句法的重要特征。为了满足句意表达的需要,有时应将语句中的词汇、短语、分句或从句进行连接,英语常采取一些语法手段,如关联词、引导词等,从意义与结构两个方面实现语句的完整性。例如:

On campuses all across the United States, Americans who lectured and studied in China in the 1930s and 1940s today are invigorating our own intellectual life-none of them with greater distinction than Professor John K.Fairbank.who honors us by joining my traveling party.

今天在美国的各个大学里,曾经于二十世纪三四十年代在中国讲学并做过研究的美国人正使美国的学术生活焕发活力。他们中间最有名望的是费正清教授,他这次同我们一起访华,使我们感到荣幸。

本例中,Americans are invigorating 是语句的主干结构。其中,主语是 Americans,谓语是 are invigorating。此外,本例中还有两个定语从句,即用来修饰 Americans 的 who lectured and studied in China in the 1930s and 1940s 及用来修饰 Professor John K.Fairbank 的 who honors us by joining my traveling party。可见,例句不仅含有较多介词、代词与名词,还具有较为复杂的结构,但其内在的逻辑关系却十分清晰,这正是英语形合的典型特点。

(二)汉语的连接方式:意合

根据《世界图书英语大词典》(The Word Book Dictionary),意合(parataxis)是指"The juxtaposition of clauses or phrases without the use of coordinating or subordinating conjunctions, for example: It was cold; the snows came."即句间与句内的联系主要依靠意义之间的逻辑关系。

与英语不同,汉语往往呈现出形散神聚的特征。具体来说,顺序标志词、逻辑关系词等明显的连接形式在汉语中较少出现,语句的含义常常通过动词来表示,且读者往往需要进行积极思考才能将语句的内在逻辑关系梳理清楚。例如:

我从此便整天地站在柜台里,专管我的职务。虽然没有什么失职,但总觉得有些单调,有些无聊。掌柜是一副凶脸孔,主顾也没有好气,教人活泼不得;只有孔乙己到店,才可以笑几声,所以至今还记得。(鲁迅《孔乙己》)

不难发现,本例中先后使用了"虽然""但""所以"等关联词。尽管如此,读者要想准确把握句间的内在含义,必须亲自分析与体会。

五、句型层次的对比

句型是造句的基本模型,是语句的基本框架。英汉语言在句型层次方面的不同之处集中体现在谓语部分的完整性上,即英语语句注重谓语结构完整,而汉语则不一定非得完整。

(一)英语的句型层次

从句型层次上来说,英汉对语句划分的依据是不完全一致的。英语语句一般分为简单句、复杂句、并列句以及并列复杂句。例如:

The boy is reading.(简单句)

The boy is reading and his sister is playing.(并列句)

The girl who I know is his sister.(复杂句)

When the girl is seven years old, she begins to go to school but her brother has been a entrepreneur.(并列复杂句)

(二)汉语的句型层次

汉语语句中也存在类似的划分法,语句可以分为简单句、复杂句,复杂句又可以分为并列复杂句和偏正复杂句。例如:

他喜欢放风筝。(简单句)

我是电影明星,我妹妹是企业家。(并列复杂句)

因为他是一名大学生,所以村里面的人都很羡慕他,但是他总是觉得不以为然。(偏正复杂句)

可见,汉语比英语更加注重句法和语义相融合。很明显,英语的复杂句中的部分语句存在层级、包含的关系,但是汉语中的复杂句中的分句是独立、平等的关系。

六、被动语态的对比

(一)英语的被动语态

从语态上来看,英语句式中常使用被动语态。在英语中,相当多的及物动词以及相当于及物动词的短语都有被动式。使用被动语态通常包括以下几种情况。

（1）为了加强上下文的连贯、衔接。例如：

Language is shaped by, and shapes, human thought.

人的思想形成语言，而语言又影响了人的思想。

（2）出于礼貌，使措辞得当，语气委婉。例如：

Visitors are requested to show their tickets.

来宾请出示入场券。

（3）动作的对象是谈话的中心话题。例如：

The scientific research plan has already been drawn up.

科研计划已经拟出来了。

（4）无法说出动作的实行者是谁。例如：

You're wanted on the phone.

你的电话。

（5）不知道或没有必要说明行为的实行者。例如：

The audiences are quested to keep silent.

请听众保持肃静。

（二）汉语的被动语态

由于汉语经常使用"主题—述题"结构，再加上受思维习惯影响，中国人注重"悟性"，强调"事在人为"和个人感受等，汉语不常用被动语态。

汉语被动语态在表达被动时经常借助词汇手段，这种手段有以下两种。

（1）有形式标记的被动式，如"被""受""挨""让""给""遭""加以""为...所"等。例如：

我们挨了半天挤，什么热闹也没看到。

我的建议被否决了。

该计划将由一个特别委员会加以审查。

（2）无形式标记的被动式，其在主谓关系上带有被动含义。例如：

每一分钟都要很好地利用。

那种说法证明是不对的。

汉语中还有一种习惯句型——无主句。从形式上来看，无主句没有主语，但在不同的语境中，可以表示完整、明确的语义。例如：

一致通过了决议。

为什么总把这些麻烦事推给我呢？

汉语在表达思想时，习惯说出行为动作的执行者。因此，人称表达法比较常见，如果不能确定人称，可采用泛人称句，如"人们""有人""别人""大家"等。例如，"人们有时会问……""有人指出……""大家知道……"等。

第二节　语句文化英汉翻译

一、比较句的翻译

（一）as...as... 其衍生句型的翻译

1. as...as... 句型的翻译策略

as...as... 句型表示两者比较程度相同，因此可译为"……一样……"例如：

The economic development in our country is as stable recently as formerly.

最近，我国的经济发展和以前一样稳定。

2. not so much...as... 句型的翻译策略

not so much...as... 句型一般译为"与其说……不如说……"。例如：

The oceans do not so much divide the world as unite it.

与其说海洋把世界分割开来，还不如说是海洋把世界连接在一起。

3. not as（or so）...as... 句型的翻译策略

not as（or so）...as... 句型表示两者的程度不同，前者不如后者，因此一般可译为"……不如……"。例如：

People are not so honest as they once were.

人们现在不如过去那样诚实了。

4. not so much as... 句型的翻译策略

not so much as... 句型通常可以译为"甚至没有……甚至不……"。例如：

She hadn't so much as her fare home.

她甚至连回家的路费都没有了。

（二）more...than... 句型的翻译

1. more than... 句型的翻译策略

英语中 more than... 句型之后词汇的词性不同，意义也不同，如后面接名词或动词，意思是"不只是……"；后接形容词、副词或分词时，意思是"非常，极其"；后接数词时，意思是"多于……以上"；翻译时应根据具体情况选用不同的汉语词汇。例如：

I have no more than ten dollars in my pocket.

我口袋里还有十多美元。

He more than smiled, but laughed.

他不只是微笑，而是放声大笑。

2. no more...than... 句型的翻译策略

no more...than... 句型在意义上表示对两者的否定，因此可译为汉语的"和……一样不……""既不……都不……""不……正如……"例如：

I am no more a poet than he is a scholar.

我不是诗人，正如他不是学者一样。

Her grammar is no better than me.

她的语法同我的一样不好。

3. more A than B 句型的翻译策略

more A than B 句型一般用于比较同一个人或事物的两个不同性质或特征，翻译时可译为汉语中的"与其说 B，不如说 A"。例如：

He is more a writer than a teacher.

与其说他是老师，不如说他是作家。

（三）比较级 +than to do... 句型的翻译

英语比较级 + than to do... 句型一般可翻译为"不至于做某事"。例如：

I have more sense than to tell her about our plan.

我不至于傻到会把我们的计划告诉他。

You ought to know better than to go swimming on such a cold day.

你不至于这么冷的天去游泳吧。

二、被动句的翻译

（一）译为被动句

一些形式较为单一的英语被动句都着重被动的动作，因此可以翻译成带有"被、遭（到）、受（到）、为"等标记的汉语被动句。

例如：

The metric system is now used by almost all the countries in the world.

公制现在被全世界几乎所有的国家所采用。

How long will it be before black and white sets are found only in the museum?

还要经过多久，黑白电视才会被送进博物馆呢？

（二）译为主动句

将英语的被动句译为汉语的主动句是很常用的方法，这种方法通常保持英语原文的主语，只是不译出"被"字。例如：

Temperature is quickly changed from room temperature to 125 ℃ is held there for 15 minutes.

将温度从室温迅速升高到125℃，并保持15分钟。

These fractions must be distributed by pipeline or tanker to the final distributors, such as filling stations (for gasoline and diesel oil), which sell it to the ultimate users.

用输油管或游轮（油罐车）把这些产品分送到基层销售点，如汽油和柴油加油站，在那里出售给最终用户

（三）译为判断句

在某些情况下，被动句还可以译为汉语中的判断句，也就是"……是……的"句式。这就使语句的主语成为句中谓语动词的承受对象，符合汉语表达习惯。例如：

Many car engines are cooled by water.

许多汽车发动机都是用水冷却的。

Some plastics have been discovered by accidents.

有一些塑料是偶然发现的。

Our bodies are heated by the consumption of sugar in the blood.

人的体温是靠消耗血液中的糖分来维持的。

（四）译为无主句

英语受严格的主、谓、宾结构限制，而汉语表达比较灵活，语句中可以没有主语。因此，英语的被动语句有时可以翻译成汉语的无主句。例如：

The unpleasant noise must be immediately put to an end.

必须立刻终止这种讨厌的噪音。

Attention has been paid to the new measures to prevent corrosion.

已经注意到这种防腐的新措施。

此外，一些由 it is + 过去分词 +that 从句构成的英语被动句型，在汉译时也往往被译为汉语的无主句。例如：

It is said that Martin has come back home from abroad.

据说马丁从国外回来了。

（五）增加主语

有些英语被动句并未出现表示行为主体的词或词组，在翻译这类语句时，可适当增添一些不确定的主语，如"人们""我们""有人"等。例如：

The issue has not yet been thoroughly explored.

人们对这一问题迄今尚未进行过彻底的探索。

She was seen to enter the building about the time the crime was committed.

有人看见她大致在案发时进入了那座建筑物。

（六）译为"把"字句等

英语中的一些被动句在汉译时，可以译成汉语中的"把"字句、"使"字句、"由"字句。例如：

This letter was written by the president himself.

这封信是由总统本人写的。

Traffic in that city was completely paralyzed by the flood.

洪水使那座城市的交通彻底瘫痪。

三、否定句的翻译

英语中的否定形式相当灵活。常见的英语否定句主要包括全部否定、部分否定、双重否定等。在对否定句进行翻译时，应对原否定结构进行仔细分析，准确理解其真正含义以及否定词所否定的对象或范围，结合其逻辑意义，选用合适的翻译策略进行翻译。

（一）全部否定的翻译

全部否定是对语句否定对象进行全盘、彻底的否定。英语中常用的全部否定词和词组包括 no，not，never，none，nothing，nobody，no one。在翻译全部否定句式时，通常可直接翻译全部否定词，但应确保符合译入语表达习惯。例如：

Nothing in the world moves faster than light.

世界上没有任何东西比光的速度快。

None of the answers are right.

这些答案都不对。

(二) 双重否定的翻译

双重否定是两个否定词连用，否定同一个单词，或一个否定词与一些表示否定意义的词连用，由于其否定意义相互抵消，从而使语句获得肯定意义。双重否定句式一般有两种译法：译为汉语的双重否定句；译为汉语肯定句。例如：

No one has nothing to offer to society.

人人都可以为社会奉献点什么。

No less than forty people were killed in the accident.

事故中多达四十人死亡。

(三) 部分否定的翻译

部分否定指的是整个语句中部分是肯定意义，部分是否定意义。部分否定句式一般由代词或副词与否定词组合而成。这些代词或副词有 both，every，all，everything，everybody，entirely，wholly，everywhere 等。英语部分否定句式一般可以译为"不都是""不总是""并非都""不一定总是"等。例如：

Both of the instruments are not precision ones.

这两台仪器并不都是精密仪器。

I do not want everything.

我并不是什么都想要。

四、强调句的翻译

(一) do 引导的强调句的翻译

英语中经常采用词汇手段，用助动词"do"来强调语句中的谓语动词，翻译时多译为"的确、确实"。例如：

Acupuncture is promoted as a treatment for pain–and there is absolutely no question that it does in fact provide short–term benefit for many of the people who try it.

针灸现在越来越多地被用于治疗疼痛——毫无疑问，事实上针灸的确为这一疗法的许多尝试者带来了短期效果。

(二) what 引导的强调句的翻译

以 what 开头的主语从句引出的句式"what 从句 +be"也是一种强调句型。需要注意的是，当用来强调某一事物时，be 动词后多跟名词、名词性结构或表语从句。当用来强调或某一行为时，从句中含有实义动词 do，且 be 动词后多用不定式结构。在翻译 what 引导的强调句时，通常采用顺译法。例如：

What I said just now is that you should think before you act.（强调所说的内容）

我刚才所说的就是你应该三思而后行。

What we have been talking about is her illness.（强调所谈论的事）

我们一直在谈论的正是她的疾病。

What I should do next is to carry out the perfect plan.（强调行为）

我下一步应该做的就是执行这个完美的计划。

What is more revolutionary is that the Web can lead to greater political involvement in decision making for ordinary people, via e-voting systems.（强调事物及其特征）

更具革命性的是，万维网可以引导普通百姓借助于电子投票系统参与较为重大的政治决策。

（三）it 引导的强调句的翻译

标准的强调句型是用引导词 it 引出的句型结构，即 It is/was...that/who... 结构。所强调的部分位于 It is/was 与 that/who 之间，其余部分则位于"that/who"之后。此结构主要是用来强调句中的主语、宾语和状语的。

翻译 it 引导的强调句时，主要有顺译和倒译两种译法。

1. 顺译法

顺译法先译强调主句部分（即 that/who 之前的部分），多译为"（正）是……"。例如：

It is these drawbacks which need to be eliminated and which have led to the search for new processes.（强调主语）

正是这些缺陷需要加以消除并导致了对新方法的探索。

It is this symbol that makes flowcharts so valuable, because it directs us to different routes when necessary.（强调主语，句尾是省略结构的时间状语从句）

正是这个符号赋予流程图以极大价值，因为它在必要时会把我们引向不同的路径。

It is this molecular motion that we call heat.（强调宾语）

正是这种分子运动我们称为热。

It was for their discovering polonium and radium that Mrs.Curie and her husband were both awarded the Nobel Physics Prize in 1903,（强调状语）

正是由于发现了钋和锚,居里夫人和她的丈夫于1903年双双获得了诺贝尔物理学奖。

Who was it that invented the electric bulb？（强调疑问词 who）

是谁发明了电灯泡？

It is only when particles are close enough to exert relatively large forces on one another that they are able to set each other into this type of vibration.（强调时间状语从句）

只有当粒子紧密到能够相互施加较大的力时,它们才能使彼此产生这样的振动。

2. 倒译法

倒译法先译强调从句部分（即 that/who 之后的部分），多译为"……的,（正）是……"。例如：

It isn't James Watt who invented the telephone.（强调主语）

发明电话的并不是詹姆士·瓦特。

It was an astronaut that he wanted to be.（强调表语）

原先他想当的是一名宇航员。

It is the people's interests about which he is often thinking.（强调动词短语中介词的宾语,介词提前只能用 which/whom 而不可用 that/who）

他经常想到的是人民的利益。

It was red that she dyed the dress.（强调宾语补足语）

她给衣服染的是红色。

Why on earth is it that no one has received his inventive idea as scientific？（强调疑问词 why）

没有人认为他的富有创造性的见解是科学的,这究竟是为什么？

It is what you'll do, not what you'll say.that is really important.（强调主语从句）

真正重要的是你将要做什么而不是你将要说什么。

It is which experiment should be done first that they will discuss tomorrow.（强调宾语从句）

他们明天将要讨论的是应该先做哪一个试验。

第五章 语句文化对比与英汉翻译

五、从句的翻译

(一) 状语从句的翻译

1. 让步状语从句的翻译

(1) 译为表"让步"的状语分句。例如:

While this is true of some, it is not true of all.

虽有一部分是如此,但不见得全部是如此。

Although he seems hearty and outgoing in public, Mr. Smith is a withdraw and introverted man.

虽然史密斯先生在公共场合是热情和开朗的,但是他却是一个性格孤僻、内向的人。

(2) 译为表"无条件"的状语分句。例如:

No matter what misfortune befell him, he always squared his shoulder and said: "Never mind. I'll work harder."

不管他遭受到什么不幸事儿,他总是把胸一挺,说:"没关系,我再加把劲儿。"

Whatever combination of military and diplomatic action is taken, it is evident that he is having to tread an extremely delicate tight-rope.

不管他怎么样同时采取军事和外交行动,他显然不得不走一条极其危险的路。

2. 原因状语从句的翻译

(1) 译为因果偏正句的主句。例如:

Because he was convinced of the accuracy of this fact, he stuck to his opinion.

他深信这件事的正确可靠,因此坚持己见。

The perspiration embarrasses him slightly because the dampness on his brow and chin makes him look more tense than he really is.

额头和下巴上出的汗,使他看起来比实际上更加紧张些,因此出汗常使他感到有点困窘。

(2) 译为表"原因"的分句。例如:

The crops failed because the season was dry.

因为气候干旱,所以农作物歉收。

The book is unsatisfactory in that it lacks a good index.

这本书不能令人满意之处就在于缺少一个完善的索引。

3. 目的状语从句的翻译

（1）译为表"目的"的前置状语分句。例如：

We should start early so that we might get there before noon.

为了在正午以前赶到那里，我们应该尽早动身。

The leader stepped into the helicopter and flew high in the sky in order that he might have a bird's-eye view of the city.

为了对这个城市做鸟瞰，那位领导跨进直升机，凌空飞翔。

（2）译为表"目的"的后置状语分句。例如：

He told us to keep quiet so that we might not disturb others.

也叫我们保持安静，以免打扰别人。

Man does not live that he may eat, but eats that he may live.

人生存不是为了吃饭，但是人吃饭是为了生存。

4. 时间状语从句的翻译

对于时间状语从句的翻译，这里以较为复杂的 when 时间状语从句作为例子进行说明。在翻译 when 时间状语从句时，不能拘泥于表示时间的一种译法，要结合实际环境，采用不同的翻译方法。具体翻译方法有以下几种。

（1）译为相应地表示时间的状语从句。例如：

When she spoke, the tears were running down.

她说话时，泪流满面。

When the history of the Nixon Administration is finally written the chances are that his Chinese policy will stand out as a model of common sense and good diplomacy.

当最后撰写尼克松政府的历史时，他的对华政策可能成为懂得常识和处理外交的楷模。

（2）译为"每当……""每逢……"结构。例如：

When you look at the moon, you may have many questions to ask.

每当你望着月球时，就会有许多问题要问。

When you meet a word you don't know, consult the dictionary.

每逢遇到不认识的词，你就查词典。

（3）译为"在……之前""在……之后"结构。例如：

When the firemen got there, the fire in their factory had already been poured out.

在消防队员赶到之前，他们厂里的火已被扑灭了。

When the plants died and decayed, they formed organic materials.

在植物死亡并腐烂后，便形成有机物。

（4）译为并列句。例如：

He shouted when he ran.

他一边跑，一边喊。

They set him free when his ransom had not been paid.

他还没有交赎金，他们就把他释放了。

（5）译为"刚……就……""一……就……"结构。例如：

Hardly had we arrived when it began to rain.

我们一到就下雨了。

He had hardly rushed into the room when he shouted, "Fire! Fire!"

他刚跑进屋里就大声喊："着火了！着火了！"

（6）译为条件复句。例如：

Turn off the switch when anything goes wrong with the machine.

一旦机器发生故障，就把电门关上。

When you have driven Jaguar once, you won't want to drive another car.

只要你开过一次美洲虎牌汽车，你就不会再想开其他牌子的汽车了。

5. 条件状语从句的翻译

（1）译为表"条件"的状语分句。例如：

If you tell me about it, then I shall he able to decide.

如果你告诉我实情，那么我就能做出决定。

Given notes in detail to the texts, the readers can study by themselves.

要是备有详细的课文注释，读者便可以自学了。

（2）译为表示"假设"的状语分句。例如：

If the government survives the confident vote, its next crucial test will come in a direct vote on the treaties May 4.

假使政府经过信任投票而保全下来的话，它的下一个决定性的考验将是5月4日就条约举行的直接投票。

If the negotiation between the rich northerly nations and the poor southerly nations make headway.it is intended that a ministerial session in December should be arranged.

要是北方富国和南方穷国之间的谈判获得进展的话，就打算在12月份安排召开部长级会议。

（3）译为"补充说明"的状语分句。例如：

He is dead on the job.Last night if you want to know.

他是在干活时死的，就是昨晚的事，如果你想知道的话。

You'll have some money by then, that is, if you last the week out, you fool.

到那时你该有点钱了——就是说，如果你能熬过这个星期的话，小子。

（二）名词性从句的翻译

1. 主语从句的翻译

（1）以 what，whatever，whoever 等代词引导的主语从句可按原文的顺序翻译。其中，以 what 引导的名词性关系从句可译为汉语的"的"字结构或译成"的"字结构后适当增词益字。例如：

Whatever he saw and heard on his trip gave him a very deep impression.

他此行的所见所闻给他留下了深刻的印象。

（2）以 it 作形式主语的主语从句，翻译时根据情况而定。可以将主语从句提前，也可以不提前。例如：

It seemed inconceivable that the pilot could have survived the crash.

驾驶员在飞机坠毁之后，竟然还活着，这似乎是不可想象的。

2. 宾语从句的翻译

（1）以 what，that，how 等引导的宾语从句，在翻译时一般不需要改变它在原句中的顺序。例如：

He would remind people again that it was decided not only by himself but by lots of others.

他再次提醒大家说，决定这件事的不只是他一个人，还有其他许多人。

（2）用 it 作形式宾语的语句，翻译时 that 引导的宾语从句一般可按原句顺序，it 不译，但有时在译文中也可以将宾语从句提前。例如：

I take it for granted that you will come and talk the matter over with him.

我想你会来跟他谈这件事情的。

3. 表语从句的翻译

同宾语从句一样，表语从句一般也可按原文顺序进行翻译。例如：

This is what he is eager to do.

这就是他渴望做的事情。

4. 同位语从句的翻译

同位语一般情况下用来对名词或代词做进一步解释，在翻译时并没有对同位语的顺序做过多的规定，可以保留同位语从句在原文的顺序，也可以将从句提前。例如：

An obedient son, I had accepted my father's decision that I was to be a doctor, though the prospect interested me not at all.

作为一个乖顺的儿子，我接受了父亲的决定，要当医生，虽然我对这样的前途毫无兴趣。

此外，在翻译时，还可以采用增加"即"或"以为"，或用破折号、冒号将同位语从句与主句分开的方法。例如：

And there was the possibility that a small electrical spark might accidentally bypass the most carefully planned circuit.

而且总有这种可能性——一个小小的电火花，可能会意外地绕过了最为精心设计的线路。

（三）定语从句的翻译

1. 非限制性定语从句的翻译

英语非限制性定语从句对先行词不起限定作用，只对它加以描写、叙述或解释，翻译这类从句时可以运用下列方法。

（1）前置法

有些较短的且具有描写性的非限制性定语从句，可以译成"的"字前置定语，放在被修饰词的前面。例如：

The emphasis was helped by the speaker's mouth, which was wide, thin and hard set.

讲话人那又阔又薄又紧绷的嘴巴，帮助他加强了语气。

（2）后置法

运用后置法时，既可译为并列分句又可译为独立分句。例如：

The cook turned pale, and asked the housemaid to shut the door, who asked Brittles, who asked the tinker, who pretended not to hear.

当他看不见她了，才朝家里走去，有时抬头望望天空，乌云在翻滚奔驰。（译为并列分句）

They were also part of a research team that collected and analyzed data which was used to develop a good ecological plan for efficient use of the forest.

他们还是一个研究小组的成员，这个小组收集并分析数据，用以制订一项有效利用这片森林的完善的生态计划。（译为独立分句）

2. 限制性定语从句的翻译

限制性定语从句对所修饰的先行词起限制作用，与先行词关系密切，不用逗号隔开，翻译这类语句可以用以下方法。

（1）前置法

前置法就是将英语限制性定语从句译成带"的"字的定语词组，放在被修饰的词前面，从而将复合句译成汉语单句。这种方法常用于比较简单的定语从句。例如：

That's the reason why I did it.

这就是我这样做的原因。

Everything that is around us is matter.

我们周围的一切都是物质。

（2）后置法

如果英语从句的结构比较复杂，译成汉语前置定语显得太长而不符合汉语表达习惯时，可以译成后置的并列分句。例如：

They are striving for the ideal which is close to the heart of every Chinese and for which.in the past, many Chinese have laid down their lives.

他们正在为实现一个理想而努力奋斗，这个理想是每个中国人所追求的，在过去，许多中国人为了这个理想而牺牲了自己的生命。

（3）融合法

融合法是把原句中的主句和定语从句融合在一起译成一个独立语句的一种方法。例如：

There was another man who seemed to have answers and that was Robert McNamara.

另外一个人似乎胸有成竹，那就是罗伯特·麦克纳马拉。

3. 兼有状语功能的定语从句的翻译

英语中有些定语从句，兼有状语从句的功能，在意义上与主句有状语关系，说明原因、结果、目的、让步、条件假设等关系。在翻译的时候应根据原文发现这些逻辑关系，然后译成汉语的各种相应的偏正复合句。

(1)译成目的偏正句。例如:
He wishes to write an article that will attract public attention to the matter.
他想写一篇文章,以便能引起公众对这件事的注意。
(2)译成时间偏正句。例如:
Electricity which is passed through the thin tungsten wire inside the bulb makes the wire very hot.
当电通过灯泡里的细钨丝时,会使钨丝变得很热。
(3)译成让步偏正句。例如:
The question, which has been discussed for many times, is of little importance.
这个问题尽管讨论过多次,但没有什么重要性。
(4)译成原因偏正句。例如:
Einstein.who worked out the famous theory of Relativity, won the Nobel Prize in 1921.
由于爱因斯坦提出了著名的"相对论"理论,因此他于1921年获得了诺贝尔奖。
(5)译成结果偏正句。例如:
The airplane is the first in the scale of increasing vehicle size that would appear to be adaptable to nuclear power.
在运输工具体积增加方面,飞机占第一位,因此它看来是适合采用核动力的。
(6)译成条件、假设偏正句。例如:
The remainder of the atom, from which one or more electrons are removed, must be positively charged.
如果从原子中移走一个或多个电子,则该原子的其余部分必定带正电。

六、长句的翻译

(一)顺译法

顺译法是指按照原句的顺序进行翻译的方法。如果英语语句依照时间先后顺序来描述事件的发生过程,这符合汉语语句的表述方式,在翻译时就可以采用顺译法。例如:

As we crossed some high bridges near the Blue Ridge Mountains on the first leg of our trip, a kind of breathlessness gripped me, a sinking rolling sensation in the pit of my stomach.

上路后的第一程,我们就碰上了蓝脊山脉附近高悬的大桥。我简直紧张得透不过气来,心头发紧,有种人仰马翻的感觉。

(二)逆译法

当英语和汉语语句的语义逻辑不一致或完全相反时,应将语句成分的前部分放到译文的后部,或者将后面部分放到译文前面,这就是逆译法。例如:

They (the poor) are the first to experience technological progress as a curse which destroys the old muscle-power jobs that previous generations used as a means to fight their way out of poverty.

对于以往几代人来说,旧式的体力劳动是一种用以摆脱贫困的手段,而技术的进步则摧毁了穷人赖以为生的体力劳动,因此首先体验到技术进步之害的是穷人。

(三)合译法

合译法是指根据原文的句义关系、主次关系、逻辑关系等因素,将原文中两个或两个以上的英语词汇或语句合译为一个汉语单词或语句,或用一个单句表达原文中的一个复合句,从而使译文逻辑更加清晰、内容更加紧密。合译法通常用于句式较短的情况,主要以限制性定语从句为主。例如:

Our marketing director is going early to participate in the conference beforehand, and the rest of us will leave next Thursday to set up.The show opens on Friday.The exposition will last three days, so Sunday is closing.

我们市场部主任打算提前参加会议,其余的人下周四出发去布置。展览会周五开幕,持续三天,周日闭幕。

(四)分译法

分译法是指把一个由多个成分盘根错节组合起来的长句分译成若干个简洁、明了的短句,使表达尽量符合译入语的行文习惯和译入语读者的审美情趣。例如:

Rich in glorious scenery, filled with prolific wildlife, and dotted with pretty villages, the Shannon Erne Waterway is the longest navigate waterway in Europe, and is a paradise for nature lovers.Boating enthusiasts and those who prefer the quiet life.

香侬厄恩水路是欧洲最长的航道。它以其壮丽的风景、丰富的野生动植物和众多美丽的村庄成为大自然热爱者的天堂,喜欢划船和钟情宁静生活的人也定会爱上这条河流。

(五) 调整法

根据英汉两种语言在句法文化方面的一些差异，在翻译过程中往往需要根据实际情况在语序上做一些调整。

1. 根据搭配的需要进行调整

英译汉时，有时原句各成分之间搭配贴切自然，但将其原封不动地译成汉语后，则可能出现搭配不当的情况。因此，在翻译时调整相关成分在译句中的位置，使译句符合汉语的表达习惯，读起来通顺流畅。例如：

What is surely and identifiably unique about the human species is not its possession of certain faculties or physical characteristics, but what it has done with them—its achievement or history in fact.

可以肯定而且一致确认的是，人类的独特之处不在于其拥有某些官能或生理特征，而在于人类用这些官能和特征做了些什么，即其成就，实际上也就是人类历史。

上述英文原句中，surely and identifiably 置于 unique 之前，但实际上是修饰整个语句。

汉语中词与词之间的修饰关系也很复杂，汉译英时有必要先理清句中各词汇之间的关系。例如：

他有个女儿，在北京工作，已经打电话过去了，听说明天就能回来。

He has a daughter, who works in Beijing. Someone has phoned her and it is said that she will be back tomorrow.

2. 根据信息重心进行调整

语句通常由已知信息和新信息构成，语句的信息重心通常由新信息构成，即信息发出者想要信息接受者了解的信息。英汉两种语言有各自表示信息重心的特殊手段。英语常用强调句型，如 not（that）...but（that）..., it is/was...that... 汉语也通常使用诸如"不是……而是……""之所以……是因为"这样的句型来强调重要信息。由于这类信息重心带有明显的结构标志，因此很容易辨认，翻译时也比较容易处理。

除此之外，英汉两种语言还经常通过安排语序这一方法来标明信息重心。英汉两种语言在运用这一手段标明信息重心时存在一些差别。所以，英汉互译时一般需要对原句语序进行调整，把原句中的某个成分提前或置后，以突出句中的信息重心。例如：

Everything—or nearly everything—that the Labour movement attempts to stop the Tories from doing Labour will be asked to support the Cabinet ir doing.

现在工党试图阻止保守党做的一切——或者差不多一切，人们很快就将要求工党支持内阁去了。

In London I was born and in London I shall die.

我生于伦敦，也将死于伦敦。

（六）重组法

所谓重组法，是指打乱原文顺序，将原句分成若干小的语言单位，再按照译入语的表达习惯重新组织和排列语句语序的翻译方法。重组法的优点在于完全摆脱原句语句结构的束缚，因此比较容易做到译文的行文流畅，但其不足之处是容易产生漏译现象，在翻译时一定要注意。例如：

In reality, the lines of division between sciences are becoming blurred.and science is again approaching the "unity" that it had two centuries ago—although the accumulated knowledge is enormously greater now, and no one person can hope to comprehend more than a fraction of it.

原句按照顺序分析有以下几层意思。

（1）科学之间的界限变得模糊

（2）科学重又接近"大同"局面。

（3）这种"大同"局面在两个世纪前就曾存在过。

（4）现在科学积累的知识比两个世纪前多多了。

（5）没有人能指望在科学的领域里"隔行不隔山"。

翻译时可打破原句的结构顺序，在保持原句含义完整的前提下，按照汉语的语言组织习惯进行翻译。下面是使用重组法译出的译文。

两个世纪前，科学处于一种"大同"的状态中。而如今，虽然总体上科学所包含的知识比以前丰富得多，而且任何人在各科学领域里都不可能做到"隔行不隔山"，但事实上，科学之间的界限也逐步模糊化，科学似乎重又趋向两个世纪前的"大同"。

（七）综合法

实际上，在翻译一个英语长句时，并不只是单纯地使用一种翻译方法，而是要综合使用多种翻译方法，或按照时间的先后，或按照逻辑顺序，顺逆结合，主次分明地对全句进行综合处理，以便将英语原文翻译成自然、通顺、忠实的汉语语句。例如：

The phenomenon describes the way in which light physically scatters when it passes through particles in the earth's atmosphere that are 1/10 in diameter of the color of the light.

这种现象说明了光线通过地球大气微粒时的物理散射方式。大气微粒的直径为有色光直径的十分之一。

该句可以分解为四个部分，第一部分是 The phenomenon describes the way，第二部分是 in which light physically setters，第三部分是 when it passes through particles in the earth's atmosphere，第四部分是 that are 1/10 in diameter of the color of the light，其中，第一、二和三、四部分之间是修饰与被修饰的关系。总体考虑之后，我们可用综合法来处理这个语句，即合译第一、二和第三部分，第四部分用分译法，这样译句就符合汉语的表达习惯了。

第六章　篇章文化对比与英汉翻译

译者在翻译过程中面对的不仅是两种完全不同的语言形式，而且还需要把握两种语言背后的文化因素。与词汇、句法相比较而言，篇章的翻译难度较词、句翻译更大，译者需要具备整体意识，从篇章的整体角度来把握原文的神韵，这对于任何一名优秀的译者而言都是必须具备的。

第一节　篇章文化对比

篇章是语言的使用，是更为广泛的社会实践，从翻译角度来看，篇章是将这些语义予以连贯，理解和解读这些具有句际联系的篇章。

一、篇章的内涵与认知要素
（一）篇章的内涵

虽然不少语言学者在篇章语言学研究中投入了大量的心血，然而在篇章语言学中依然存在着难以明确的内容，如篇章的定义问题。篇章往往被认为是由一系列的语句与话段构成的。它的形式也是多样的，可以是对话、独白，也可以是一些人的谈话；可以是文章，也可以是讲话；可以是一个文字标志，也可以是一篇小说或者诗歌。很多语言学家都对篇章进行了界定，下面来看几位著名学者的观点。

博格兰特（Beaugrande）认为，篇章是一种"交际事例"，是用来传达信息的工具。同时，他还定义了七条篇章标准，即连贯、衔接、可接受、有目的、含情景、含信息、互文性。

库特哈德（Coulthard）认为，篇章只涉及书面语言，而将口头语排除在外。

威尔斯（Wils）认为，篇章是语言交际的一种呈现形式。

韩礼德（Halliday）认为，篇章是具有功能的语言，如发出指令、传递信息或情感等，这种定义方法比较简单。

威多森（Widdowson）认为，篇章就是句群的使用。

胡壮麟从广义的层面定义了"篇章"一词，他认为篇章既包含篇章文本，也包含话语。也就是说，既包括书面语言，也包含口头语言。由以上定义可知，篇章包含的内容非常广泛，并且形式多样。因此，对篇章进行界定并不容易。笔者将尝试从功能与结构的角度来界定"篇章"。

1. 从功能上说，篇章主要是为了交际使用，在交际的过程中，语言的意义往往依靠语境。不同的语境其语言单位的意义也会不同。

2. 从结构上说，篇章是比语句范围要大的语言单位。在语言学上，语言的各个成分的排序从小到大是词素、词、词组/短语、分句/小句、语句、篇章。可见，篇章的范畴要广泛得多。

（二）篇章的认知要素

格雷泽等篇章心理学家（Graesser et al.）认为，把复杂的模型建立在普通认知理论上是十分必要的。正如凡·戴依克（Van Dijk，）所说，"认知分析是指对那些可以用认知概念如各种心理表征来阐释篇章属性的分析。"

一般来说，篇章理解通常涉及以下篇章认知要素。

1. 知识网络结构。知识以节点的网络形式表征出来。知识网络中节点呈扩散激活状态。一旦网络中一个节点被激活，之后便被扩散到邻近节点，再从邻近节点扩散到邻近节点的邻近节点，依此类推。如果读者没有存储与篇章内容相关的知识，就会导致理解困难。

2. 记忆存储。篇章理解是一个记忆加工的过程。篇章理解的重要信息在工作记忆中呈循环状态。

3. 篇章焦点。意识和注意焦点集中在篇章表征中一个或两个节点上。

4. 共鸣。当存储在篇章焦点、工作记忆中的内容与文本表达的内容或长时记忆内容高度匹配时，便会形成共鸣。

5. 节点的激活、抑制和消除。理解语句时，篇章结构和长时记忆中节点被激活、加强、抑制和消除。一般来说，熟识程度高的词汇比熟识程度低的词汇加工速度快。

6. 主题。主题是指语言使用者赋予或从篇章中推导出来的整体意义，不同的读者对主题具有不同的理解。

7. 连贯。篇章连贯不仅仅是指篇章全局连贯，也指篇章的局部连贯。连贯是指序列命题之间的意义关系。连贯通常包括两种：一种是指连贯或外延连贯，即篇章涉及事件的心理模型；另一种是内涵连贯，即基于意义、命题及其关系的连贯。

8. 隐含意义。隐含意义指从篇章中的词、短语、小句或语句实际表达的意义推导出来的命题。可见，隐含意义离不开推理。

9. 词汇的言外之意。言外之意是读者根据自己的文化、知识赋予一定词汇的评价和看法，有利于激活读者或译者的审美观点与社会知识。

10. 读者目的。读者持有不同目的时，其会对篇章的理解和记忆带来不同影响。

二、英汉篇章文化的对比

（一）衔接手段对比

1. 英语篇章的衔接手段

英语篇章强调结构的完整性，语句多有形态变化，并借助丰富的衔接手段，使语句成分之间、句与句之间，甚至是段落与段落之间的时间和空间逻辑框架趋于严密。形合手段的缺失会直接影响语义的表达和连贯。

因此，英语篇章多呈现为"葡萄型"，即主干结构较短，外围或扩展成分可构成叠床架屋式的繁杂句式。此外，英语篇章中语句的主干或主谓结构是描述的焦点，主句中核心的谓语动词是信息的焦点，其他动词依次降级。

具体来说，英语中的衔接手段主要包括两种。

（1）形态变化。形态变化是指词汇本身所发生的词形变化，包括构形变化和构词变化。构形变化既包括词汇在构句时发生的性、数、格、时态、语态等的形态变化，也包括非谓语动词等的种种形态变化。构词变化与词汇的派生有关。

（2）形式词。形式词用于表示词、句、段落、篇章间的逻辑关系，主要是各种连接词、冠词、介词、副词和某些代词等。连接词既包括用来引导从句的关系代词、关系副词、连接副词、连接代词等，又包括一些并列连词，如 and, but, or...，还有一些具有连接功能的词，如 as well as, as much, more than, rather than, so that 等。

2. 汉语篇章的衔接手段

汉语篇章表达流畅、节奏均匀，以词汇为手段进行的衔接较少，过多的衔接手段会使行为梗塞，影响篇章意义的连贯性。汉语有独特的行文和表意规则，总体上更注重以意合手段来表达时空和语义上的逻辑关系，因此汉语中多流水句、词组或小句堆叠的结构。汉语篇章的行文规则灵活，多呈现为"竹节型"，语句以平面展开，按照自然的时间关系进行构句，断句频繁，且句式较短。

汉语并列结构中往往会省略并列连词，如"东西南北""中美关系"等。此外，汉语篇章语句之间的从属关系常常是隐性的，没有英语中的关系代词、关系副词、连接副词、连接代词等。

3. 英汉篇章衔接手段的具体差异

由于英语和汉语在词汇衔接手段上大致相同，但是在语法衔接上却有很多不同之处。因此，这里主要对英汉语法衔接手段进行对比。

（1）照应。当英语篇章需要对某个词汇进行阐释时，如果很难从其本身入手，却可以从该词汇所指找到答案，就可以说这个篇章中形成了一个照应关系。由此可见，照应从本质上看是一种语义关系。

照应关系在汉语篇章中也是大量存在的。需要注意的是，汉语中没有关系代词，而关系代词尤其是人称代词在英语中的使用频率要远高于汉语。因此，汉语篇章中的人称代词在英语中常用关系代词来表示。

（2）连接。除照应与省略之外，英汉篇章的另一个重要衔接手段就是连接。一般来说，连接关系是借助连接词或副词、词组等实现的，且连接成分的含义通常较为明确。连接不仅有利于读者通过上下文来预测语义，还可更快速、更准确地理解语句之间的语义联系。英汉篇章在连接方面的差异主要表现在以下两点。

第一，英语连接词具有显性特征，汉语连接词具有隐性特征。

第二，英语的平行结构常用连接词来连接，而汉语中的衔接关系常通过对偶、排比等来实现。

（3）省略。将语言结构中的某个不必要的部分省去不提的现象就是省略。由于英语的语法结构比较严格，省略作为一种形态或形式上的标记并不会引起歧义，因此省略在英语中的使用远高于汉语。例如：

每个人都对他所属的社会负有责任，通过社会对人类负有责任。

Everybody has a responsibility to the society of which he is a part and through this to mankind.

需要注意的是，在省略成分方面，英汉篇章也存在明显区别。具体来说，英语中的主语通常不予省略，而汉语篇章中的主语在出现一次后，后续出现的均可省略，这是因为与英语主语相比，汉语主语的承接力、控制力更强。

（二）段落模式对比

篇章段落的组织模式实际上说的是段落的框架，即以段落的内容与形式作为基点，对段落进行划分的方法。篇章段落组织模式是对语言交际的一种限制，对于篇章的翻译而言至关重要。对于英汉两种篇章，其段落组织模式存在相似的地方，即都使用主张—反主张模式、叙事模式、匹配比较模式等，但是二者也存在着差异。

1. 英语篇章的段落组织模式

英语篇章的段落组织模式主要包含五种，除了主张—反主张模式、叙事模式、匹配比较模式，还包含概括—具体模式与问题—解决模式，这两大模式与汉语篇章组织模式不同，因此这里重点探讨这两大模式。

（1）概括—具体模式。该模式是英语中最具有代表性的模式，又被称为"一般—特殊模式"。这一模式在文学著作、社会科学、自然科学篇章中是较为常见的。著名学者麦卡锡（McCarthy）将这一模式的宏观结构划分为有如下两种。

第一种：概括与陈述→具体陈述1→具体陈述2→具体陈述3→具体陈述4→……

第二种：概括与陈述→具体陈述→更具体陈述→……概括与陈述。

（2）问题—解决模式。该模式的基本程序主要包含以下五点。

第一点：说明情景；

第二点：出现问题；

第三点：针对问题给出相应的反应；

第四点：提出解决问题的具体办法；

第五点：对问题进行详细评价。

但是，这五大基本程序并不是固定不变的，其顺序往往会随机加以变动。这一模式常见于新闻篇章、试验报告、科学论文中。

2. 汉语篇章的段落组织模式

与英语篇章的段落组织模式相比，汉语篇章主要有以下两点特色。

（1）一般来说，汉语篇章段落的重心位置与焦点多位于句首，但这也不是固定的，其往往具有流动性与灵活性。例如：

你将需要时间，懒洋洋地躺在沙滩上，在水中嬉戏。你需要时间来享受这样的时刻：傍晚时分，静静地坐在海港边上，欣赏游艇快速滑过的亮丽风景。以你自己的节奏陶醉在百慕大的美景之中，时不时地停下来与岛上的居民聊天，这才是真正有意义的事情。

在上述这则篇章中，其重心位置与焦点出现在段尾，即"真正有意义的事情"，这则篇章清晰地体现了汉语段落组织焦点的灵活性。

（2）汉语篇章的段落组织重心和焦点有时候会很模糊，并没有在段落中体现出来，甚至有时候不存在重心句和焦点句。例如：

坎农山公园是伯明翰主要的公园之一，并已经被授予"绿旗"称号。

它美丽的花圃、湖泊、池塘和千奇百怪的树木则是这个荣誉的最好证明。在这个公园，您有足够的机会来练习网球、保龄球和高尔夫球；野生动植物爱好者可以沿着里河的人行道和自行车道游览。

第二节　篇章文化英汉翻译

篇章的翻译应以词和语句的翻译为基础，注重篇章的连贯性，篇章段内的连贯性、段与段之间的连贯性以及篇章语域等。在篇章翻译的过程中，翻译篇章的整体性首先需要译者从宏观上把握全文，采取一定的翻译技巧，然后再开始逐字逐句地翻译。在此过程中，译者的任务主要包括三个：造句、成篇、选择用词和用语。在这三个任务中，最关键的是造句，因为语句是篇章翻译中的关键因素，只有将每一句话都翻译准确，才能将整篇内容联系到一起。此外，选择用词和用语贯穿翻译的整个过程。

1. 制订宏观翻译策略。在一定程度上可以认为，译者翻译的过程与作者创造的过程是类似的，在开始动笔翻译之前，译者需要有一个情绪上的"酝酿"。这种酝酿其实指的就是宏观翻译策略的制定。大致而言，译者在制订宏观翻译策略时需要重点考虑以下内容。

第一，文体选择。篇章所包含的文体种类是很多的，如小说、诗歌、散文等，译者在文体选择方面受制于原文的文体，也就是说原文采用的是哪种文体，译文一般也会采用这类文体，不可擅自更换。例如，将一首英文诗歌翻译成汉语，译者就需要首先确定诗歌的文体形式。

第二，选择译文的语言。众所周知，英汉双方对应的语言分别是汉语与英语，但这两种语言又可以有很多种下属分类，如汉语中又包括方言、普通话，从时间上还可以分为现代文与古代文，这些因素都是译者在动笔翻译之前需要考虑的。

第三，取舍篇章内容。这里暂且不考虑舍去篇章中某部分内容中所缺失的文化审美价值，但这种翻译方法确实是存在的。在某些特殊的情况下，如客户要求译者仅翻译一部作品中的部分内容。

2. 造句。在翻译篇章的过程中，译者对原文的处理大致可分为以下两种类型。

第一种，以语句为划分单位的译者。以语句为划分单位的译者具有强烈的宏观、整体意识，十分注重作品整体意象的有效传达，甚至在有些时候还会牺牲一些词汇与短语，以此保证整个语句能够表达顺畅、传神。这类译者之所以能够以语句作为划分单位，是因为他们在前期审美整合的过程中做出了非常大的努力。在审美整合的前期，原作品中的信息处于一种有机、系统、活跃的状态中，当进入审美再现的环节后，这些信息就可以随时随地被激活，在这种状态下译者就可以统筹全局、运筹帷幄，从整体上做出合理安排。

第二种，以字、词为划分单位的译者。以字、词为划分单位的译者往往会逐词逐字地翻译，然后将翻译出来的内容堆砌到一起组成语句，通过这种方法译出的句子读起来往往十分拗口，带有强烈的翻译腔，所组合成的语句也不够和谐，自然更不用去考虑其所带来的审美价值了。对于这类译者，除了他所使用的翻译方法不当，更大的原因在于其并没有深入去思考与把握文章整体的审美取向。此时，译者从前期审美过程中所获取的信息处于一种无序的、零散的、杂乱的状态，译者自己的大脑中都没有从整体上形成审美信息，自然就不能从整体上传达篇章中的意象了。

通过分析上述两种处理原文的方法可知，第一种处理方法得出的译文整体效果要明显高于第二种，因而译者应该在篇章翻译的过程中尽量以语句为划分单位来解析原文。

3. 组合成章。当译者将原作中的所有语句都翻译出来之后就形成了一篇完整的译文。然而，即便将每一句话都翻译得非常完美，但译作从整体上来看不一定就是完美的。对于一篇刚完成的译作而言，译者还需要处理好整体与局部的关系。具体而言，译者需要处理好以下方面的问题。

第一，检查译作的连贯性。为了准确对原文进行翻译，译者有时候会调整原文中语句的表达顺序，如将前后两个语句的表达进行颠倒等，因而在译文成篇以后就非常有必要从整体上检查一下译作的连贯性，主要包括：译文语句与语句之间的连贯性；译文段落与段落之间的连贯性；译文中主句的意思是否被突出。

第二，检查译作的风格与原文是否一致。通常而言，译文的风格应该与原文保持一致。因此，在检查整篇译作连贯性的基础上，译者还需要查看译作的风格与原文是否是一致的。如果原作品是一种简洁明快的风格，但译文从整体上看起来臃肿呆滞，那么译者就需要对译文进行调整，删除冗余的词汇、啰嗦处，尽量保持译文的简洁与明快。

可见，在译作初步完成后，译者还需要经历一个调整、修改译文语句、字词等的过程。经过调整之后，译文不管是部分与部分之间还是整体与部分之间就会形成一个有机统一的整体，进而才能体现出篇章的整体美。

4. 选择用词与用语。如前所述，选择用词、用语贯穿整个翻译过程的始终，这里再次提出该问题主要是为了突出该环节的重要性。译者在造句、组合成章的过程中都会遇到选择用词、用语的问题，而想要选择出对的、传神的字词是非常不容易的一件事。我国著名文学家鲁迅先生就曾经说过这样一番话："我一向认为翻译比创作容易得多，因为翻译时不需要构想。然而当真正实践起来，往往会遇到难题，如遇到一个动词或者名词，创作过程中写不出这个词的时候可以回避，但翻译却不行，必须一直想，就如同在大脑中想要找到一个打开箱子的钥匙，但是没有。"

对于译者而言，在选择用词、用语时通常需要注意以下方面：原作中起画龙点睛之用的用词、用语；原作中文化背景信息丰富的用词、用语；原作中具有丰富含义的用词、用语；原作中的用词、用语在目的语中找不到对应表达；原作中使用专有名词的地方。

在修改、润色初稿时，为了保证译文表达方面的贴切与完美，译者可以站在读者的角度来阅读译作，通过读者的思维对译作进行思考与解读，看译文阅读起来是否顺畅，是否会产生歧义，是否符合目的语读者的表达习惯等。

以上是对英汉篇章翻译的框架叙述，下面就来分析英汉篇章文化的翻译。

一、英汉篇章衔接与移情的翻译

（一）英汉篇章衔接的翻译

衔接，即上下文的连接，可以使表达更为流畅，语义更为连贯。衔接是否得当，其关系着能够被读者理解，能否让读者探究其主旨意义。因此，在具体的翻译实践中，译者应该首先把握整个篇章，然后运用恰当的衔接手段来将语句、段落等连接起来，从而构成一个完整的译语篇章。在翻译过程中，译者需要深入把握篇章衔接手段上的对等。所谓篇章衔接手段的对等，具体指的是在源语篇章中出现的对整个篇章起连贯作用的衔接链中的所有衔接项目能在目的语篇章中很好地体现，从而在目的语中形成相似或相同的衔接链。假如每个衔接链都能在目的语篇章中出现，也就是说组织并反映篇章的"概念""人际"和"谋篇意义"这三种意义的衔接模式都应在译文中出现。

由于篇章的谋篇意义和篇章的组织意义等同，因而这里对谋篇衔接机制的翻译进行探讨，包括非结构衔接与结构衔接两大具体类型。

1. 解读结构衔接

结构衔接主要包括三个方面的衔接，即主位结构衔接、语气结构衔接和及物性结构衔接。具体而言，又分别涉及篇章三大类型的意义模式，即谋篇意义、人际意义以及概念意义。主位结构间的关系也是由篇章小句中的主位间关系和主位与述位间的交替和意义交互形成的，其中最主要的还是主位与主位间的关系。那么在翻译时，译者也应从考察主位同主位间的关系着手。

2. 解读非结构衔接

非结构衔接具体指的就是韩礼德和哈桑在其所著述的《英语衔接》一书中对五种衔接机制的总结。这五种衔接机制具体如下所述。

（1）指称；（2）替代；（3）省略；（4）连词；（5）词汇衔接。

指称和词汇衔接这两大衔接机制是组成衔接链最重要的手段，并且是主要的非结构性衔接机制。因此，在探讨与篇章衔接手段对等方面的问题时，通常应先对衔接链的翻译进行探讨。贯穿整个篇章的衔接链以及衔接链之间的关系构成篇章的主题意义。那么，在对反映主题的衔接链进行翻译时，翻译工作者应对翻译所采取的策略慎重考虑，以目的语的组织方式为前提，应尽可能地保留源语篇章的主题衔接链。

（二）英汉篇章移情的翻译

篇章艺术价值再现的关键在于"移情"，即艺术家基于自然景物之美而兴起的情感在作品中的体现，并由此激发读者和译者的情感。译者只有进入自己的角色才能身临其境，进而感同身受。篇章移情的翻译技巧指的是把握整个篇章翻译过程中的内涵与神韵，确保原文与译文在风格、语气、形式上尽量保持一致，从而使译文读者能够产生与原文读者同样的美感。

1. 原作的结构与作者的写作心理

对于原作在审美上的结构以及作者在写作过程中的审美心理，译者在翻译过程中应该实现最大限度地顺应，充分尊重原作的结构与作者的写作心理。例如：

久闻先生高卧隆中，自比管、乐。

People say you compare yourself with those two famous men of talent, Kuan Chung and Yol.

上例原文中的"高卧"是"隐居"的意思，在这里译者竟然略去不译。这种做法造成的原作文化内涵和审美价值的缺损是无法弥补的。

2. 目的语读者的阅读心理与标准

目的语读者的阅读心理与标准同样对译作艺术价值再现产生了一定的影响，不过其影响的大小要视情况而定。通常而言，译者在翻译时心中都存在假定的读者群，译文审美需要考虑该读者群的审美心理与标准。例如，我国著名翻译家傅东华在翻译《飘》时就对原文进行了删减，他认为文章中一些冗长的心理描写与分析跟情节发展关系不大，且阅读起来还会令读者产生厌倦，因而将这部分内容删除了。可见，他就是在充分考虑读者阅读心理的基础上对原文进行了有效处理。

3. 译者自身的主观动机与标准

译者自身所具有的主观因素必然会影响到译作艺术价值再现的效果。例如：

黄河远上白云间，一片孤城万仞山。

羌笛何须怨杨柳，春风不度玉门关。

Where a yellow river climbs to the white clouds,

Near the one city wall among ten-thousand-feet mountains.

A tartar under the willow is lamenting on his flute,

That spring never blows, him through the Jade pass.

原文写的是塞外苦寒，并且隐含着无限的乡思离情，但译文却表现出一位鞑靼人在柳树下吹笛惋惜自己的命运，不难看出译文改变了原文蕴含的情感色彩，加入了译者自己的主观判断，因此不能说是成功的译文。

上述三个因素影响着审美再现的效果，译者需要尽力协调好这三者之间的关系，找到最佳契合点，从而最大限度地再现原作的艺术美。

二、英汉篇章语境的翻译

要想能够对语言结构所传达的意义进行准确地理解和掌握，就必须对情景语境有一个准确的理解。情景语境具体体现着社会文化，并且是社会文化的现实化。韩礼德将情景语境视为一个由语场、语旨和语式这三个变量组成的概念框架。情景语境对翻译有重要影响。

（一）通过语境确定词义

情景语境有助于确定词汇的意义，排除篇章语言中的多义词现象。众所周知，自然语言中很多词都存在着一词多义的现象。例如，《现代汉语词典》对"上面"这个词就有以下六种解释。

1. 位置较高的地方；
2. 词序靠前的部分；
3. 物体的表面；
4. 方面；
5. 上级；
6. 家族中上一辈。

因此，在不同的情景语境中，"上面"这一词就可以体现出几种不同的意义。这不仅仅是在汉语语言中，在英语中也存在很多这样的情况。

例如，在《新英汉词典》中，set一词就列出了61种解释。要想对这些词有确切的解释，就必须要放在特定的情景语境中。

当词脱离语境，其意义就会变得模糊；当语句脱离固定的情景语境，其表达的意义就会很难确定。例如，语言学家乔姆斯基（Chomsky）曾经举过这样一个例子来说明语句的歧义性，即"They are flying planes."这句话可以被翻译成"它们是在飞的飞机"或"他们正在驾驶飞机"。如果将这个语句放在特定的语境中，就不会出现这两种不同的翻译结果。假设发话人是一个飞行员，那么这句话必然被翻译成"他们正在驾驶飞机"；假设这个语句的主题是飞机，那么这个语句必然被译成"它们是正在飞的飞机"。

（二）利用语境补充省略成分

前文已经提到，篇章特征中的连贯包含省略的部分，而这一省略的前提就是情景语境在发挥作用。上面的省略是为了避免重复，将主要信息凸显出来，使文章更加连贯。但有时候省略的部分往往不能被读者理解，因此这就需要将该其置于整个篇章的情景语境中。例如：

I have many interests to keep me from being bored, but playing football and collecting stamps are the ones that I enjoy most.

我有许多的兴趣让我免于无聊，但是踢足球、集邮是我最喜欢的兴趣。

该例中，ones相当于interests，这是名词性省略，如果没有上文，读者就很难猜出其意思，当然也无法进行翻译。

（三）通过语境把握语句语法结构

在篇章翻译中，要想对一个语句的语法结构意义有一个明确的理解首先就应该从情景语境入手。例如：

All this intense activity in both directions has helped to establish close and warm links between our two countries, and we are now talking to each other like the old friends we have become.

在两个方向上所有的这些激烈活动都有助于我们两国建立亲密、友好的关系，现在我们成了朋友，就更无所不谈了。

在对原篇章进行翻译时，译者将 we are now talking to each other like the old friends we have become 翻译成"我们现在交谈就如老朋友一样了"，这明显没有对上下文进行明确的分析，直接将 like 翻译成"像……一样"，同时又将 we have become 所代表的意思省略掉了，这样的翻译虽然看似符合逻辑，但是并没有将原文的实际意义传达出来。通过上文得知，我国已经建立了友好的关系，并成为友好的朋友，因此 like 一词的意思应该是"具有……的特点"。

三、英汉篇章语域的翻译

所谓篇章的语域，即篇章具体使用的场合、领域。篇章类型不同，所具有的功能就不同，自然所使用的领域也是不同的。通常而言，科技篇章具有很强的准确性、专业性；文学篇章在整体上往往传达出艺术性、美感；广告篇章则具有很强的说服力、号召性。可见，译者在翻译篇章的过程中必须要有整体观念和意识，尤其要关注篇章的语域方面，基于篇章语域角度来还原原文的特点、功能、信息，从而实现译文与原文同样形神兼备。例如：

To all consulates and foreign chambers of commerce in Guangzhou.

To whom it may concern.

Approved by the State Council of the People's Republic of China, and jointly sponsored by National Development and Reform Commission PRC, Ministry of Finance PRC, Ministry of commerce PRC, State Administration for Industry and Commerce PRC, Ministry of Commerce PRC. China Banking Regulatory Commission and People's Government of Province, the 3th China International Small and Guangdong Enterprises Fair and Sino-Italy Small and Enterprises Fair will be held from September 15th-18th,

2016, at Guangzhou International Exhibition Center (China Export Commodities Fair, Pazhou Complex).

In order to enable foreign organizations in Guangzhou to have a better understanding of CISMEF, the organizing committee of CISMEF will hold the "usiness Luncheon for 3th China International Small and Medium Enterprises Fair and Sino-Italian Small and Medium Enterprise Fair, for Foreign Consulates and Chambers of Commerce in Guangzhou"on April 28th. 2016. The luncheon starts at 11: 00 A.M.at Haitang (Crabapple) Hall of Garden Hotel.

We sincerely invite you to participate in this luncheon. Please complete the Participant Confirmation Form (see attachment) and feedback by fax before April 21st, 2016

Secretariat of Organizing Committee of 3th

April, 2016

各国驻会领事馆：

经国务院批准，经国家发改委、财政部、商务部、国家行政管理总局会、中国银监会和广东省人民政府联合主办的第三届中国国际中小企业博览会暨中意中小企业博览会将于2016年9月15-18日在广州国际会展览中心举行。

为使驻会领事馆更好地了解中博会，第三届中博会组委会将于2016年4月28日举行"第三届中博会通报会及午宴"，午宴将于上午11点于阳光大厅的海棠厅举行。诚邀贵馆总领事及商务领事出席。

请填好确认函并以传真形式于2016年4月21日前回复。

第三届中博会秘书处

2016年4月

上述是一封正式邀请函。众所周知，邀请函是用来邀请客人参加庆典、会议或是宴会等场合所发放的一种书面的书信。一般情况下，正式邀请函用于正式场合或对比较重要人物的邀请。上述邀请函的原文和译文都使用了比较正式的用语，十分贴切。再如：

Letter of Introduction

October 12, 2012

Dear Mr./Ms.

This is to introduce Mr. Johnson, our new marketing specialist who will be in

Birmingham from October 15 to mid October on business. We shall appreciate any help you can give Mr. Jones and will always be happy to reciprocate.

Yours faithfully,

John Smith

介绍信

尊敬的阁下/女士：兹介绍我公司市场部约翰逊先生于10月15日到10月中旬期间前往伯明翰办理业务，请惠予琼斯先生帮助，甚谢！

此致

敬礼！

约翰·史密斯

2012年10月12日

上述信函与第一封相比较明显没有那么正式了，语气平易亲切，句法口语化，简单易懂，可见这封信是写给朋友的，因而译文中也使用了口语化的语言，以实现原文的表达效果。

（一）科技篇章的翻译

科技篇章中的词汇包含单义词、通用词和多义词，翻译时需要特别注意每一类词汇在特定学科的词义。单义词汇由于其使用的频率相对较低，仅用于某一特定的学科，词义相对单一，所以在翻译成汉语后比较容易实现前后词义的一致性。而对于多义词汇和通用科技词汇翻译的前后一致性，尤其需要译者的重视，以避免造成概念的混淆。

1. 术语翻译的一致性

科技篇章中，对于多义科技英语词汇，由于学科领域不同，往往会有完全不同的词义，翻译过程中需要准确定义术语，确保术语一旦译出，必须保持前后一致，不可随意更改，以免因篇章中概念混乱而阻碍读者理解。例如：

An electric motor converts electric energy into mechanical energy. Most electric motors operate through interacting magnetic fields and current-carrying conductors to generate force, although a few use electrostatic forces.The reverse process, producing electrical energy from mechanical energy, is done by generators such as an alternator or a dynamo. Many types of electric motors can be run as generators.and vice versa. For example a starter/generator for a gas turbine, often perform both tasks. Electric motors and generators are commonly referred to as electric machines.

电机将电能转化为机械能。虽然有一些电动机利用静电力，但大多数马达都是通过相互作用的磁场和载流导线产生动力的。反过来，发电机，如交流发电机或直流发电机则是由机械能产生电能。许多类型的电机既可以用作发电机，也可以用作电动机，如燃气轮机的启动机/发电机常常执行这两项任务。马达和发电机通常被统称为电机。

在《朗文当代高级英语词典》中，motor的意思是"马达，电动机"，有时，人们又称"电机"，所以motor一词可以有"马达，电机，电动机"三种不同译法。以上译文中将motor分别翻译为"电机、马达、电动机"，出现术语的混乱，让读者难以理顺上下文之间的逻辑关系。因此，可改为：电动机将电能转化为机械能。虽然有一些电动机利用静电力，但大多数电动机都是通过相互作用的磁场和载流导线产生力。反过来，发电机，如交流发电机或直流发电机则是从机械能产生电能。许多类型的电动机既可以用作发电机，也可用作电动机，如燃气轮机的启动机/发电机常常执行这两项任务。电动机和发电机通常被统称为电机。

2. 词汇翻译的一致性

除了术语的前后一致外，通用科技英语词汇在各种不同学科中的词义基本相同或相似，翻译成汉语时要尽力确保同一篇章内通用科技词汇的一致性。例如：

An unfinished workpiece requiring machining will need to have some material cut away to create a finished product. A finished product would be a workpiece that meets the specifications set out for that workpiece by engineering drawings or blueprints. For example, a workpiece may be required to have a specific outside diameter. A lathe is a machine tool that can be used to create that diameter by rotating a metal workpiece, so that a cutting tool can cut metal away, creating a smooth, round surface matching the required diameter and surface finish. A drill can be used to remove metal in the shape of a cylindrical hole. Other tools that may be used for various types of metal removal are milling machines, saws, and grinding machines.

一个需要加工的半成品工件需要切削一些材料来制造出一个成品件。一个成品件应当符合该工件工程图纸或蓝图所设定的技术要求。例如，一个工件可能需要有一个特殊的外径。车床是可以通过转动金属工件来加工出该直径的机床。因此，切削刀具能够切削金属，加工出符合直径和表面光洁度要求的新表面。钻床可以切削金属，钻出圆孔。其他可以用于各种金属切削的机床还有铣床、锯床、磨床。

上例中，cut和tool作为通用词汇，分别有多个相似的对应汉语词义。cut有

"切口，切割，切削，切入"等词义；tool 有"工具，用具，器械，机床"等词义。在翻译时，一旦确定 cut 的词义是"切削"，同时确定 tool 和 machine 搭配使用，词义是"机床"，以及 tool 和 cut 搭配意义是"刀具"之后，前后必须保持一致。另外，workpiece 有"工件，轧件，工件壁厚"等词义，确定"工件"之后，就不可随意更改成"轧件"或"工件壁厚"。

3. 指代翻译的一致性

为了避免同一词汇的重复，英语篇章中往往会采用代词替代上文中已经出现过的名词或动词。对于篇章中代词的翻译，为了保证译文内容的清晰无误，常常可以采用还原法翻译。有时，如果语义比较清晰，也可以将代词直译。例如：

Once the transmission characteristics of a system are determined telecommunication engineers design the transmitters and receivers needed for such systems. These two are sometimes combined to form a two-way communication device known as a transceiver. A key consideration in the Hesign of transmitters is their power consumption as this is closely related to their signal strength.

一旦确定了系统的传输特性，电信工程师们便设计与该系统相匹配的信号发射器和接收器。有时，这两种装置会被结合起来形成一个双向通信设备，称作"收发器"。由于信号发射器的能耗与信号强度密切相关，因此它就成为信号发射器设计过程中的关键。

以上篇章中的 These two 指代 transmitter 和 receivers，this 指代 power consumption，翻译时一定要理清指代关系，保证前后的一致性。

（三）旅游篇章的翻译

1. 语言要简洁质朴

旅游篇章的翻译应使用准确、朴实、简洁的文字，以便读者阅读和理解。此外，为提升文本的准确性和专业性，还应适应一些专有名词或科学术语。例如：

凤凰镇自然资源丰富，山、水、洞风光无限。山形千姿百态，流瀑万丈垂纱。这里的山不高而秀丽，水不深而澄清，峰岭相摩、河溪萦回，碧绿的江水从古老的城墙下蜿蜒而过，翠绿的南华山麓倒映江心。江中渔舟游船数点，山间暮鼓晨钟兼鸣，河畔上的吊脚楼轻烟袅袅，可谓天人合一。

Fenghuang Town boasts abundant natural resources and fascinating scenery made up mountains, water and caves. Here, you can enjoy peaks in various shapes and waterfalls flying down the slopes. Magnificent mountains and clear water wind their way around the city. On the water fishing boats come and go, in the mountains the bell tolls for morning and evening and from the suspended buildings rises faint smoke. Everything is in harmony.

本例原文具有很强的描述性，译者在保留原文主要内容的基础上，巧妙地运用了英语中的动词、形容词、名词短语等对译文进行简化处理，实现了理想的表达效果。

2. 内容要客观真实

由于旅游景点说明主要介绍景点的基本情况，所以其在翻译过程中既不需要抒情，也不需要议论，更不用夸张。例如：

The shore line is unobtrusively divided into low islands fringed with black lava boulders and overgrown with jungle and the grey-green water slips in between.

河岸线界限不明，划分为座座低矮的小岛，暗绿的河水缓流其间。岛上丛林茂密，大片乌黑的熔岩裸露于四周天水一线。

在上述例句中，对景点的描述是很真实的，有利于读者准确了解景点的布局。

3. 逻辑顺序要清晰

旅游篇章的作用不仅仅是向游客介绍旅游景点的基本情况，还能指示游客完成旅游。因此，旅游篇章的翻译要具有逻辑性，即逻辑严密且具有层次，能使读者一目了然。例如：

The Victoria Fails is considered to be the largest waterfalls in the world It is located in the border of Zambia and Zimbabwe and has the Zambezi River as its source. It stretches for a width of 1.7 kilometers and also falls from a height of 108 meters. The forest site near the waterfalls contains the most unique species of wildlife.

维多利亚瀑布被视为世界上最大的瀑布，位于赞比亚和津巴布韦边界，其源头为赞比亚河。瀑布宽1.7千米，落差108米，附近的森林里生长着最为独特的珍稀野生动物。

上述译文首先介绍了维多利亚瀑布的基本情况，接着具体说明了瀑布的长宽以及周围的森林，清晰的逻辑可使读者在脑海中勾画出瀑布的大致样子。

四、英汉篇章其他层面的翻译

（一）维护篇章空白

在英汉篇章中往往含有很多"空白"之处，这种不完整可以很好地体现出一定的艺术美。在中国古代画论中，这种空白被称为"象外之象"，在诗文中被称为"无言之境"，在音乐中则被称为"弦外之音"。简言之，篇章中的空白之处是大有学问的，这不仅不是其缺点，反而是其独特之处。

读者在阅读篇章的过程中并不处于被动地位，他们可以充分发挥自己的主观能动性，对原作中空白之处进行补充，也正是这种补充、想象的过程让读者体验到了审美的快乐。因此，译者在翻译篇章的过程中对于这种空白之处要尽量去维护，不能对这些地方进行过分补充，因为这些空白通常是原文作者精心设计出来的，译者有义务对其进行维护与保持。例如：

沧海月明珠有泪，蓝田日暖玉生烟。

译文一：Tears that are pearls, in ocean moonlight streaming; Jade mists the sun distils from Sapphire Sward.

译文二：The moon is full on the vast sea, a tear on the pearl. On Blue Mountain the sun warms, a smoke issues from the jade.

译文三：Moonlight in the blue sea, shedding tears, in the warm sun the jade in blue fields engendering smoke.

该例原文出自李商隐《锦瑟》一诗，本身含有很强的朦胧美。通过分析上述三个译文可以看出：译文一中表达的是"泪就是珠，珠就是泪"；译文二中表达是"一颗珠上一滴泪"；译文三中表达的是"明珠洒泪"。

这些翻译带有译者很强烈的主观观念，体现出译者武断地对原文进行了判断，丝毫不能体现出原文中的朦胧美，这对于篇章的翻译而言其实是不可取的。事实上，译者可不将译文表达得太实在，留下一点迷离感让目的语读者自己去体会。

由上可知，译者在翻译篇章的过程中必须从"补充空白"的身份转换到"维护空白"的身份。如果译者对原文中的空白过分地补充，那么原作中的艺术美就会被严重损坏。另外，从读者的角度来看，译者对空白的过分补充反映了他对读者审美能力的不信任。也就是说，译者应该将原作中的空白之处留给读者，让目的语读者自己发挥想象力来补充，进而体验篇章中的审美快感。

（二）省略并列连词

英语中的 and 是一种常规的形合衔接词汇，在行为规则上具有强制性，不可省略。但是，汉语更倾向用意合手段表示并列关系，故常常省略，因此在对英语篇章进行汉译时要注意 and 的省略。以一个简单的语句为例。

Martin limped across the yard and into the sheltering darkness.

马丁一瘸一拐地穿过庭院,躲到了阴影里。

(三)巧妙处理复杂内容

不管是中国的篇章还是西方的篇章,本身都具有丰富的文化背景知识与艺术信息,在翻译过程中译者难免会遇到一些由于历史、社会、文化等差异因素而导致的翻译障碍,再加上现实社会生活、人类思想情感等复杂因素,译者有时候还会遇到一些自己都难以理解的内容。这些复杂的内容通常是一个民族独特文化的反映,并且在一定程度上可以体现出作者自身感受生活的深度。从翻译角度而言,复杂内容虽然是翻译过程中的障碍,但也可体现出译者一定的自主性。只有篇章中蕴含丰富的情感与价值意义,所翻译出的作品才能引起目的语读者的情感共鸣,进而产生审美体验。

然而,有些译者为了快速完成译作,对于篇章中的复杂内容往往进行简单化处理,在他们看来,这样做有两个益处:第一,避免了文化差异所带来的可译性问题;第二,考虑到目的语读者的文化背景与接受能力,进行简化处理便于他们有效接受。但不得不说的是,对复杂内容简化处理甚至略去不译就会使原作中的审美价值与文化内涵大打折扣。例如:

我之罪固不免,然闺阁中本自历历有人,万不可因我之不肖,自护己短,一并使其泯灭也。

I resolved that, however unsightly my own shortcomings might he, I must not, for the sake of keeping them hid, allow those wonderful girls to pass into oblivion without a memorial.

该例中,"不肖"是中国伦理学中的一个概念,通常是指由于子孙道德低下而导致家道败落,这里译者仅将其翻译为 shortcoming,如此处理虽然有益于目的语读者快速理解,但该词事实上并不能真正传达中国人心目中"败家的罪过"这一状况的深远影响。

由上可知,在处理复杂内容时,译者最好能为读者留下一些难题,让读者通过自己的心理体验来处理这些难题,因为在一定程度上可以认为审美的快乐就是在这种过程中才得以感受的。

(四)活译转折关系

英语中表示转折关系的衔接词 but 对篇章意义的表达十分重要,但汉语中的转折关系有时也可表述为意合方式,在形式选择上具有一定的自由性。因此,译者在翻译时需要灵活把握。例如:

We have bigger houses and smaller families, more conveniences but less time.

We have more degrees, but less common sense, more knowledge, but less judgment.

We have more experts, but more problems.more medicines, but less wellness.

译文一：

我们住房更大而家庭更小，设施更多但时间更少。

我们学位更多却常识更少，知识更多而判断更少。

我们专家越多而问题越繁，药物更多而健康越少。

译文二：

我们住房越大，家庭越小。设施越多，时间越少。

我们学位越多，常识越少。知识越多，判断越少。

我们专家越多，问题越繁。药物越多，健康越少。

译文一为形合，转折关系一目了然，译文二为意合，逻辑关系同样清晰明了。

（五）恰当传达原作感情

每一则篇章中都或多或少含有作者自身的影子，其中体现出作者所处的时代、历史文化背景，而且还会体现出作者自己的价值取向、兴趣、情感等，这些在无形中都会从作者所塑造的艺术形象上体现出来。对于自己作品中的艺术形象，作者往往会表达出强烈的情感取向，或喜欢或厌恶、或同情或憎恨、或褒奖或贬低。对于译者而言，其在阅读一部篇章之前就已经具备一定的情感结构，因此在译者阅读篇章时就难免会做出些带有自己主观情感上的评价，在一定程度上损坏了原文作者的情感体现。例如：

纵然生得好皮囊，腹内原来草莽。（曹雪芹《红楼梦》第三回）

Though outwardly a handsome sausage skin,

He proved to have but sorry meat with.（霍克斯译）

该例出自《红楼梦》第三回中的一首词《西江月》，这首词表面上看是对宝玉的贬低，但事实上反映了宝玉离经叛道、愤世嫉俗的性格。"皮囊"指的是人的长相，"草莽"指的是杂草丛生的荒野。但霍克斯的译文给读者的感受是"外面是英俊的香肠样的皮肤，但不幸的是里面却是肉"。这种翻译可以说已经将原文作者对作品中人物的情感体现完全扭曲了，译文中的宝玉已经与原文中的宝玉完全不一样了。这说明，译者在翻译再创造的过程中超过了"度"的范畴，取得了适得其反的效果。

第七章 语用文化对比与英汉翻译

由于英汉文化的差异,因此在具体语言使用方面也有着各自的特点。对于当代英汉语用文化进行对比与翻译研究能够提升语言使用者跨文化交际的能力。

第一节 语用文化对比

对英汉语用文化进行对比指的是对语言使用过程中,由于语言形式不同而产生的不同的语用效果进行的对比。这种对比分析是英汉语用翻译的基础,能够提升译者对语用翻译的把握程度。

一、英汉语用对比概述

在对英汉语用文化进行对比研究前,首先应该明确相关概念。

（一）语用学概述

语用学,顾名思义,是指对语言交际中人们如何使用语言达成交际目的的研究学科。由于语用学研究范围较为宽泛,因此对其下一个准确严格的定义较为困难。

语用学一词,译自英语中的 pragmatics,其词源为希腊词根 pragmao,最早使用 pragmatics 的为美国的哲学家莫里斯（Morris）,在其著作《符号理论基础》（Foundations of the Theory of Signs）中提出了这个术语。

语用学通过结合不同的社会、文化生活,研究不同的语言在交际实践中的语用逻辑,从而提高人们使用语言的科学度与应用度。

（二）语用对比概述

对不同的文化语言使用的不同方式的研究就是语用对比。学者利奇（Leech）

在其著作《语用学原理》(Principles of Pragmatics)中指出,"有的东方文化国家(如中国和日本)比西方国家更强调'谦虚准则',英语国家则更强调'得体准则'和'讽刺准则'……当然,这些观察认为,作为人类交际的总的功能准则,这些原则多少是具有普遍性的,但其相对重要性在不同的文化、社会和语言环境中是各不相同的。"由上述学者的观点可以看出语用对比的重要性。

在社会、文化差异的影响下,英汉两种语言在表达形式和内涵意义上都有着巨大的不同,对二者进行语用文化的对比分析能够提升人们对语言的认识程度。随着世界经济、政治、文化的多元发展,不同国家之间的交流与合作日益增加。人们对翻译的需求也随着社会形势而与日俱增。从语用文化的角度进行翻译研究能够解释翻译中遇到的很多问题与矛盾,向人们提供一种新的翻译理论视角。

我国学者严明曾经指出:"语用学是研究语言使用与理解的学问,即研究发话人利用语言和外部语境表达意义的过程,也研究听话人对发话人说出的话语的解码和推理过程,它研究的不是抽象的语言系统本身的意义,而是交际者在特定交际情景中传达的理解的意义以及理解和传达的过程。"由于翻译和语用学都涉及对语言表达与理解的研究,因此二者的结合是一种必然。

英汉语用文化对比主要是对语言形式和语言功能的对比,鉴于英汉语言形式的明显不同,下面主要从语用功能角度进行对比分析,并结合语言交际中经常遇到的礼貌言语和语用失误现象进行研究。

二、英汉语用功能对比

对于英汉语用功能的对比主要从语用语调、词汇语用、语法语用几个角度展开。

(一)语用语调对比

在语言交际过程中,语用语调对语用含义有着极其重要的影响,因而也是影响交际效果的重要因素之一。不同语言使用中,发话者可以通过不同的语调形式,如停顿、节奏、音长等,来表达不同的语用含义;受话者则可以通过对语调和语境的理解来分析发话人的交际意义。

英汉两种语言在语用语调方面存在很大的差异,下面具体从语调功能角度对二者进行对比分析。

1. 英语的语调功能

英语属于印欧语系,是一种拼音文字。在口头交际过程中,英语主要利用语调、重音、停顿等形式来表达具体的语用含义。其中，英语语调对交际有着重要的影响。一般来说，英语语调都伴随着说话人的个人感情色彩，是通过约定俗成的规律的语音系统进行的。在调控语调的过程中，一般需要利用语调组。所谓语调组，通常是由调头、调核、调尾三部分组成的。其中，调核对整个语调有着关键的影响作用，决定着语调的高低、长短、节奏等。

具体的语言交际过程，需要交际者根据不同的交际目的，选用不同的语调方式。英国语言学家韩礼德（Halliday）根据系统音系学的理论提出了英语语调的三个选择系统：进行语调组划分；确定重音的位置；选择核心语调。

下面分别从英语语调的不同方面进行语调功能分析。

（1）声调

英语声调主要有五种：降调、升调、降升调、升降调和平调。在交际中通过使用这些声调能够表达出不同的语用含义。即使对于同一个语句来说，由于语调的不同，其语用含义也会有所不同。

（2）重音

重音也是英语语调表达的重要方式，其通过强调不同的词汇或加强语气来改变具体的语句语用功能。例如：

<u>John</u> kissed Mary.

就是约翰吻了玛丽。

John <u>kissed</u> Mary.

约翰是吻了玛丽。

John kissed <u>Mary</u>.

约翰吻的那个人是玛丽。

上文画线部分为重音强调词汇，通过重音表达，语句的含义发生了一定的变化。除了对词汇进行重音强调之外，英语中多使用词汇手段突出重音形式，进行不同的语用功能表达。例如：

He came here this morning.

He did come here this morning.

对比上述两个例句，第二个例句通过增加did一词对came的动作进行了强调。

除了上述提及的两种重音强调形式，在英语中也可以通过改变句法结构来进行强调。例如：

Peter can speak Chinese.

It is Peter who can speak Chinese.

It is Chinese that Peter can speak.

在上面的三个例句中，第一句为正常的陈述句，表达"Peter会说中文"的含义。第二个语句，通过对Peter的强调，表达的是"就是Peter会说中文"。第三句使用的是强调句型，强调的是Chinese，表达的是"Peter会说的是中文"的含义。

（3）停顿

在英语语调中，还有一种重要的形式，那就是停顿。所谓停顿，指的是由于语句结构或出于表达意义的需要而稍作间歇的读音方法。英语中的停顿往往可以改变一个语句的意思。

2. 汉语的语调功能

在汉语中，主要有阴平、阳平、上声和去声四种基本调值。汉语的语调是其语言的重要特征之一，对语用功能有着关键的影响作用。除了基本的调值外，汉语也可以通过声调、重音和停顿来体现语句含义及其语用功能。

（1）声调

汉语中的声调主要有升调、降调、平调和曲折调四种。通过不同的声调，语句的语用功能会发生一定的变化。例如：

上课铃响了，同学们都向各自的教室跑去。这句话为平调，主要用来表述。

这篇文章是他写的？

这句话为升调，主要用来表达惊异。

你不觉得他今天很奇怪吗？

这句话为疑问句，是升调，表达反问。

这个电影真好看。

这句话为降调，表达一种感以。

请你拿一下那本书。

这句话为降调，表示的是请求。

你面子真大，全校同学都会来参加你的晚会呢。

这句话为曲折调，暗含讽刺之意。

汉语中还有很多语气词，如"啦""啊""嘛""啰""呀"等，来影响语用功能的发挥。例如：

她昨天迟到了。（平调）

她昨天迟到了啦。（陈述）

她昨天迟到了?(升调)

她昨天迟到了吗?(询问)

她昨天迟到了!(降调)

她昨天迟到了啊!(抱怨)

(2)重音

汉语中也有通过重音来表达具体语用内涵的使用情况。一般来说,汉语中的重音主要包括语法重音和逻辑重音两种。

语法重音指的是说话人根据不同的语法结构来对某个词汇进行强调的方式。例如:

我说了,可他不听。

谓语重音,表示"我的确说了,可他不听"。

赶快走,否则来不及了。

状语重音,表示"真得赶快走,否则就来不及了"。

谁是今天的值日生?

疑问词重音,表示"究竟谁是今天的值日生?"

逻辑重音指的是说话人通过对比前后语言和人物来突出其中一方的读音方式。需要指出的是,逻辑重音对交际者对话语的理解有着重要的影响作用。例如:

我知道你会来看我。

言外之意:其他人不知道你会来看我。

我知道你会来看我。

言外之意:你瞒不住我。

我知道你会来看我。

言外之意:我不知道别人会不会来,但你一定会来看我的。

我知道你会来看我。

言外之意:凭我们的关系,你怎么会不来看我呢?

我知道你会来看我。

言外之意:你来看的肯定是我。

(3)停顿

在汉语语调中,停顿的使用也会影响语句的语用功能。例如:

老师看到我//笑了。

老师看到//我笑了。

对上述两个语句进行分析,虽然二者的语言结构相同,但是根据不同的停顿方式,其语言含义有着重要差异。其中第一句表示的是"老师笑了",第二个语句表达的则是"我笑了"的含义。

(二)词汇语用对比

词汇语用指的是利用词汇变化来表达话语的语用功能。通过词汇语用的使用,交际双方都能了解话语的言外之一,从而促进交际的顺利进行。英汉两种语言中带有不同的语言使用规律,下面就对二者的词汇语且进行对比分析。

1. 词汇运用变化差异

在词汇语用变化方面,英汉两种语言带有很大不同。英语主要是通过屈折形态变化来表达不同的语用含义,而汉语则较多通过词汇手段,如虚词、语气词、助词等来表现语用功能。

例如,英语中的敬称主要是通过 your 加上具体需要敬称的词汇构成,如 your majesty,your highness 等。而汉语中的敬称可以通过不同的词汇表示,如"您的大作、贵子"等。

2. 词汇运用原则差异

由于受到不同的社会背景、历史环境等因素的影响,不同的语言形成了不同的词汇系统,在词汇的运用和选择上也带有很大的差异性。

例如,在打招呼方面,英语习惯通过问候天气,而汉语中则较多用"吃了吗?""干吗去?"等进行表达。受中西方传统思维形式的影响,西方人多为直线思维,表达过程中喜欢直接表达自身感受,并注重个人隐私与个人空间。中国人受儒家思想的影响,注重交际中的礼仪,在问候、称呼、称谓等方面都带有自身的特点。

(三)语法语用对比

英汉两种语言在语法语用方面也带有各自的特点,因此也会产生不同的语用功能。不同的语用功能可能会通过相似的句法形式传达,相同的语用功能也可能通过不同的句法形式传达。从这个意义上说,对于英汉语法语用进行研究十分有必要。

1. 不同句法形式带有相同的语用功能

在具体语言环境的作用下,交际者会根据不同的交际意图,选择使用不同的语言策略。在英汉两种语言中,存在不同的句法形式但是具有相同的语用功能的表达。例如:

Close the door.

关门。

Someone's forgotten to close the door.

有人忘了关门。

Can you feel cold in this room?

在屋子里你感觉冷吗?

对上述三个例句进行分析,可以看出其有祈使句、陈述句和疑问句三种语言形式,但是其最终的语用功能都是用来表达命令。需要指出的一点是,在请求他人做事时,英汉两种表达带有差异性。通常英语中会使用间接的言语行为,而汉语则通常使用直接的言语行为。例如:

Can you tell me where the post-office is?

劳驾,邮局怎么走?

2. 相同句法形式带有不同的语用功能

语用学主张结合不同的语言环境进行话语的理解。在具体的交际场景中,相同的句法形式也可能带有不同的语用功能。在英汉两种语言中,这一点都有所体现。例如:

Lucy is coming.

露西来了。

这句话为普通的陈述句,但是放在具体的语境中,也可以表达一种建议或警告的语用功能。

Can you shut up now?

你能闭嘴吗?

这句话为一般疑问句,看似是疑问语气,但是在实际交际过程中,也能表达一种威胁的含义。

What time is it now?

现在几点了?

上述例句为特殊疑问句,用于平常的语境中可以表达询问时间之意。但是在特殊语境中也能表达出一种抱怨的语用含义。

英汉两种语言中都含有相同句法形式带有不同语用功能的现象,在具体的语言理解和翻译过程中应该进行具体区分。

3. 英汉其他语法手段的语用功能对比

除了上述提出的句法手段之外，在语言表述中还可以使用一些其他语法手段，如语态、时态、附加语等来表达不同的语用功能。英汉两种语言在这些语法手段上带有各自的差异性。例如，英语具有屈折形态形式，但是汉语中却没有。

（1）英汉否定语用功能对比

在英汉语言中，为了体现对交际者或谈论对象的尊重，经常会使用一些否定形式来表达过于直接的语用含义。例如：

You are fat.

你很胖。

You are not thin.

你不瘦。

在上面两个例句中，第一句话的表述过于直接，很可能会影响交际者的情绪，从而造成一定的交际矛盾。而第二句通过恰当的否定形式，增加了语言表达的含蓄型，对受话者的影响较小，礼貌程度增加。

（2）英汉附加语的语用功能对比

在日常交际过程中，为了达到一定的交际目的，交际者会选择在句尾增加一定的附加语。例如，汉语中经常使用的"好吗？""可以吗？""行吗？"等，英语中经常出现的 please，if you don't mind 等。

三、英汉语用语言对比

所谓语用语言学，研究的主要内容是语言形式和语用功能之间的关系。英汉两种语言中语义相同、结构相似的短语或语句在不同的语境下可能会有不同的解释。例如，of course 在英汉语言中的语义是相同的，并且在汉语中该短语不含有贬义，但在英语对话中有时该短语含有认为问话者愚昧无知的含义。我们来看两个例句。

A：Would you like something to eat?

（你要吃点什么吗？）

B：Of course.

（怎么会不要呢？）（cf. 当然。）

A：Is there a party on Sunday evening?

（星期日晚上有个晚会吗？）

B: Of course.

（怎么会没呢？）（当然。）

虽然同一种语言行为可以用很多种语言形式来表达，但通常情况下这些语言形式是不可以相互替换的。也就是说，在一种语言中用来表达某一言语行为的最常用策略在另一种语言中就不一定同样适用了。例如，在汉语中，人们去商店买东西常用"给我一个……"这样的祈使句，但在英语中则经常会用"Can I have...please？"这样的消极礼貌策略来表达。

另外，同一种言语行为在不同文化中使用的范围也是不同的。例如，说英语的人在表示要求别人做事时用的动词特别多，这些动词不仅具有的特征不完全相同，而且表示的说话双方之间的权利关系也不同，被要求的一方或许是受益者或许不是。

与此不同的是，在汉语中表达同一言语行为的动词是非常有限的。就目前而言，跨文化语用语言学研究的内容多是与"礼貌"密切相关的言语行为，如道歉、拒绝、恭维、请求等。通常而言，言语行为的研究主要包括如下几个方面的内容。

（1）在不同文化中，同一种言语行为使用范围以及频率的差异。

（2）不同文化对言语行为理解上的差异。

（3）不同文化在表达同一种言语行为时所使用的语言形式上的差异。

（4）不同文化中，能用于表达同一种言语行为的不同语言形式中最常用形式的差异。

（5）在表达某一种言语行为时，常常与之相配合使用的言语策略，如缓和语、敬语、礼貌语等方面的差异。

下面我们以否定句的语用功能为例来具体进行说明。

在英语中，如果一个命题本身是否定形式，即话语内容是（~P），那么再对这一命题进行否定就是"确认"（confirmation），例如：

A: You are sure that I can't come with you.

B:（She shook her head.）

以上B没有用言语应答，但"摇头"这个身势语（body language）与No具有相同意义，即确认"I can't come with you."这个命题。再来看其他一些例子。

（1）A: She would not have believed it possible.

B: No, no, of course not.

（2）A: He would hardly be a friend of her's.

B：No, he wouldn't.

（3）A：He is not at all happy working here.

B：No, he isn't.

在例（3）中，B 是确认 "He is not at all happy working here."

而在汉语中，如果要"确认"一个命题（~P），往往直接用肯定方式来表达。例如：

（1）A：她今天没来上班。

B：是。她感冒了。

（2）A：这一带没有图书馆。

B：是的，没有。

在英语中，"否定"一个本身是否定的命题（~P），即"~（~P）"，此时两个否定相互抵消，意味着用肯定方式肯定相应的命题（P），而在汉语中，如果要"否定"一个命题（~P），则往往直接用否定的方式来表达。

例如：

（1）A：You've not changed much, Peter.

B：Yes, I have. I've changed enormously.

A：皮特，你没有变多少。

B：不，我变了。我变多了。

（2）A：You don't like Italy food？

B：Oh, yes. I do！ I do like it very much！

A：你不喜欢意大利菜？

B：噢，不，我喜欢，我确实喜欢意大利菜。

综上所述可知，从语用的角度出发，当要"确认"一个否定命题的时候，英语通常用否定方式，而汉语往往用肯定方式；相反地，当"否认"一个否定的命题时，也就是说对这个否定的命题表示异议时，英语用肯定方式来表达，而汉语用否定方式来表达。

在东方的许多国家中，人们采取的方式往往与西方人正好相反。相关专家把人们在言语交际中影响达到完满交际效果的差错统称为语用失误（pragmatic failure）。一般而言，语用失误大体可以分为语用—语言方面的失误和社交—语用方面的失误两类。

1. 语用—语言方面的失误

这方面的失误，我们以英语为例来进行分析。其大致可分为两种情况。

（1）说话者所说的英语不符合英语本族人的语言习惯，误用了英语的其他表达方式。

（2）说话者不懂得英语的正确表达方式，把母语的语言习惯套入到英语的表达中去。

例如，一位外资企业的员工圆满地完成了一天的工作，他的经理对他的表现十分满意，于是对他说："Thanks a lot. That's a great help."这位员工马上回答了一句"Never mind."很显然，这位员工想表达的是"没关系""不用谢"之类的话，但却用了英语中的"Never mind."。而在英语中，这句话常用于当一方表示道歉，另一方表示不介意时回答的话，其含有"安慰"之意。由此可见，这位员工用错了表达方式，导致了语用—语言方面的失误。

2. 社交—语用方面的失误

社交—语用方面的失误主要是指交际中因不了解谈话双方所存在的文化背景差异，从而导致语言形式选择上的失误。这方面的失误与谈话双方的语域、身份、话题熟悉的程度等因素有关。例如，thank you 的汉语意思是谢谢，这是众所周知的，但在社交场合如何正确使用 thank you 是颇有学问的。当受到别人的祝贺时，英语本族语的人往往会回答"Thank you."，而中国人则会说"惭愧，惭愧！""过奖了，过奖了！"一类的话来表达自己的谦虚，以示礼貌。但如果一个英国人对中国人表示祝贺，中国人不用 thank you 而套用汉语的客套话，如"I feel a shamed."来回答，显然就不得体了，这就造成了社交—语用方面的失误。

第二节　语用文化英汉翻译

对于英汉语用文化的翻译首先介绍常规的以及语用意义的翻译方法，然后对不同的语用理论的翻译进行总结。

一、常规语用文化翻译的方法

语用翻译指的是通过研究交际目的，了解语言使用与语言使用者之间的关系,并利用翻译策略进行语用内涵翻译的活动。在具体的翻译实践过程中,译者和翻译策略的选择都会受到具体文化语境与语用因素的制约,因此找到语言转换之间的平衡点,并从整体和细节上把握译文十分有必要。语用翻译的最终目的是能够使译入语读者获得与源语读者相同的阅读感受与理解。

（一）语用过程翻译

学者奥斯汀（Austin）指出,语言是一个动态的过程,有着分析、转换、表达三个阶段。翻译是两种或多种语言之间的转码活动,需要译者在理解原文的基础上进行释义和表达。语用过程翻译指的是重视语言的转码活动,从过程论的角度出发进行翻译。

翻译中出现的问题很可能是译者的理解和表达有所疏漏,这就在一定程度上说明翻译的过程决定着翻译的结果。翻译结果——译文是译者进行思维创造、语言组织、语言加工后的过程,对译文的理解不能仅从表面意义出发,还需要考虑译文的形成过程,从而遵循作者的思维轨迹,对译文做出客观的评价。

（二）语用语境翻译

语境是语言学中的重要研究对象。在交际过程中,语境发挥着巨大的影响作用。语言和语境息息相关,语言表达的语用效果离不开具体语境的支撑。

在语用翻译过程中,更加需要注意语境的作用。如果翻译忽视对语境的体察,就很难忠实再现原文风格和语用内涵。但是需要注意的是,由于语言之间差异性的存在,译文想要达到与原文同样的效果是不可能的,因此译者需要借助具体语境的理论,增加译文语用含义表达的透彻性,从而使读者增加对原文的理解。

二、语用意义的翻译方法

在进行语言传达的过程中,信息一般都分为两个层次。其中表层的是字面意思,也就是理性信息;深层的是话语意思,也就是元信息或语用意义。

交际过程中,话语的语用意义一般体现着说话人的交际意图。在翻译过程中,很容易出现语用意义与理性信息混淆的情况,这时译文的质量就不能保证。例如:

Invited me or not, I will come...

上述这个例句,如果直译,可以翻译为"不管邀请或不邀请,我都会来。"从字面意义理解,这句话给人一种强势、粗鲁的感觉。但是在具体语境和发话人的文化背景的综合作用下,其语用内涵却可以发生不同。

这句话出自埃及总统萨达特（Sadat）,当美国记者问及,他是否会访美与卡特（Carter）商讨和平谈判问题时，萨达特给出了上述回答。在埃及，使用公式化表达十分常见，其语用内涵是用来表达想解决误会和恢复和睦的美好愿景。在翻译这种语用意义的语句时，译者需要结合具体语境和文化背景进行具体分析。

在具体语用意义翻译的过程中，混淆元信息的因素主要包括交际中参与和独立的矛盾以及语言中形式和功能的矛盾，翻译时注意这两个因素，能够提高译文质量，促进翻译的有效进行。语用意义的翻译在很大程度上就是减轻这两个方面矛盾的过程，下面进行具体分析。

（一）交际中参与和独立的矛盾

人类带有参与和独立两种状态，这两种状态同时存在。人类既需要在与他人沟通的过程中参与社会活动，获得一种群体感，同时还需要保有自身的独立意识，从而不为他人左右的生活。因此可以说，人类兼有个性和社会性，在公有社会中按照自身的个性生活。

在具体的语用翻译过程中，由于中西方对待参与与独立的观点不同，因此会产生一定的矛盾，此时译者需要看到这种矛盾，并在译文中适当减轻二者矛盾，从而真正将翻译作为传递中西文化的桥梁。

例如，很多西方国家重视个人主义，主张个性本位，带有强烈的求异思维。在这种思维的影响下，西方人对事物的考量总是从个人的角度出发，按照从微观到宏观的顺序。西方人喜欢标新立异、张扬个性、激烈竞争的民族性格和这种思维形式不无关系。在参与社会活动过程中，西方人重视自身隐私，觉得交际对方提及自身的薪资、婚姻状况等都是不礼貌的行为。

中国人在传统文化的影响下注重集体和群体观念，喜欢从众，主张将自身利益放置在民族和集体的大背景下，力求个人与整体的相协调，在集体中寻求自我存在感和归属感。

在这两种截然不同的参与与独立思维的影响下，英汉语言中对相关话题的表述也大不相同。在语用翻译过程中，需要注意二者的矛盾。例如：

中国人：Welcome to my home if you are free.

欢迎有空来我家玩。

英美人：I'll be free next Sunday. What about next Sunday？

下周日我有空，下周日怎么样？

上述对话给人一种十分尴尬的感觉，中国人在社会交往过程中习惯使用客套话来表达自己的热情，因此上述例句"Welcome to my home if you are free."其实是一种道别时的客套话语，并不表明说话人真实的语用含义。但是英美人以为上述是一种真诚的邀约，在个人时间观念的影响下，他主张定下聚会时间。

（二）语言中形式和功能的矛盾

语言中形式和功能的矛盾同样也是语用意义翻译的重要难题。在语言中形式和功能矛盾的作用下，翻译的过程可能受到语言形式的局限、词汇意义的差异、表达方式的差异、语言联想的差异等的影响，下面就分别对其进行分析。

1. 语言形式的局限

英汉两种语言在语言形式上带有明显的差异，在翻译过程中译者需要根据具体语境分析其语用内涵，从而找到相对应的表达形式。

2. 词汇意义的差异

英汉语言中的词汇、往往和其文化背景相关。很多词汇利用直译法并不能反映真实的词汇内涵，这时就会导致语用信息混淆。例如：

black tea 红茶

nose job（整形）手术

bag lady 提着包无家可归的女士

fat farm 减肥场所

上述英文词汇如果按照直译法进行翻译，分别对应汉语中的黑茶、鼻工作、包女士、肥农场。如果译者不了解具体的英语词汇语用意义，会令读者感到费解，不利于语言的沟通与交流。由于我国有着悠久浩瀚的民族文化，汉语中词汇意义内涵更加丰富，与英语词汇的差异更是显而易见，在此不再赘述。

3. 表达方式的差异

表达方式的差异是造成语用元意义混淆的重要因素，英汉在日常语用、社会语用方面均带有自身特点。因上文有所提及，在此不再展开。

这些不同的语言联想对翻译有着重要的影响作用，译者需要增加自身的语用和文化素质，从而应对不同的文化翻译。

三、语用理论翻译的方法

（一）言语行为的翻译

在对具体的言语行为进行翻译的过程中，译者需要把握好以下两个原则。

1. 彰显源语语用功能

言语行为理论最早由英国哲学家奥斯汀提出。言语行为理论认为，人们说话的同时也是在实施某种行为。作为一种跨文化交往的言语行为，翻译更是异常复杂。译者必须挖掘原文的"言外之力"，并通过或明晰或隐晦的方法将其传递给目的语读者才算是高质量地完成了翻译工作。这就要求译者不能仅仅关注译文与原文语言表层的一致，更要关注二者语用功能的对等，要通过语境推导源语语用含义，在尊重源语意向、情感与价值观的基础上，使译文更加体现源语的语用功能，实现交际目的。

2. 再现原文风格韵味

根据言语行为理论，译文应遵循话语轮换中的客观规律及其严密的逻辑思维，结合言语行为，通过语境的再创造呈现原作的韵味。

（二）会话含义的翻译

会话含义理论在翻译过程中需要在遵守合作原则四准则的基础上进行针对性翻译。同时在具体的翻译过程中还需要分析文章具体的修辞手段。

1. 数量准则与等效翻译

合作原则中的数量准则要求说话人的话语既要足够详尽，又不能显得冗赘、啰嗦。翻译时，译文同样需要遵循这条准则，必须把原文里的信息全部传达出来，且在传递信息的过程中，既不能擅自增加原文中没有的信息，也不能自作主张减少原文中包含的信息。例如：

欲去牵郎衣，郎今到何处？不恨归来迟，莫向临邛去！

译文一：

You wish to go and yet your robe I hold,

Where are you going tell me dear today？

Your late returning does not anger me,

But that another steals your heart away.

译文二：

I hold your robe lest you should go,

Where are going dear today？

Your late brings me less woe,

Than your heart being stolen away.

上例原文选自唐朝诗人孟郊的诗《古离别》。诗中的"临邛"一词源自司马相如和卓文君的故事。这个词表现出了女子与丈夫分离后，盼望丈夫不要另寻他爱、舍弃家庭的感情。了解了这个词的含义，再对两个译文进行对比可以发现，译文一"But that another steals your heart away."这句话很容易诱使读者认为，文中的丈夫有了外遇。因此增加了原文的信息量，不符合数量准则。综合比较起来，译文二的翻译更加符合原文的含义。

2. 质量准则与等效翻译

质量准则要求说话人在交际过程中，应该说真实或正确的话语，因此在实际的翻译工作中，译者需要保持原文中所要传达的信息，力图使译文在最大程度上保持与原文形式与语义上的统一。有的文章在表达上会有一些错误，如话语模糊、表达不畅等，按照质量准确，译者在面对此类问题时，应该将原文信息忠实地传递给读者，从而体现出原文的风格。

3. 关联准则与等效翻译

关联准则对于说话者也有一定的要求，其要求说话人的语言要贴切、简洁、有条理，并尽量避免使用晦涩、有歧义的词汇。翻译时，译文表达必须清晰、无误。翻译是两种语言之间的转换活动，但是译者却需要在了解两种语言差异性的基础上，考虑译文读者对语言的理解程度。因此，翻译时译文必须符合译语规律，做到严谨、连贯这样才能顺利地被读者理解和接受。

4. 方式准则与等效翻译

由于会话含义对语言形式依赖较大，因此翻译时也应尽量做到与原文的语言形式对等。曾宪才曾指出，译者在处理有会话含义的语句时，一般只要根据原文，译出其语义意义，采取含义对含义的对应模式即可，而无须翻译出其语用含义。这种翻译形式给读者留下了揣摩的空间，更加有利于原文效果的发挥。例如：

呵呀，你们踏着人家的菜地哪，那是才撒下种的，两个拿着带子在量的人，都穿着短装的，并没有理睬她，只是在菜地走上走下的。先生们，你们是有耳朵的哪！石青嫂子气得大叫起来，昨个这样不听招呼？你们那样踏了，还长得出来啥子！

Don't tread on the seeds I've just sown! But the men with the measuring lines went on tramping up and down, paying no attention to her at all. Are you deaf? She sang out furiously. Why don't you do as you're asked? Do you think seeds will grow after you've trampled them like that?

会话含义十分重视语言的形式，因此译者应尽量使用含义对含义的翻译策略按原文形式进行对应翻译。上例译文中"Are you deaf？"一句虽然已基本上译出了原文的语用含义，但却显得太直白、刺耳，与原文中说话人的身份不符，同时也不能体现出说话者的心情,从而大大降低了原文中语用修辞的表现效果。

5. 修辞手段与等效翻译

在正常的交际情况下,言语交际需要遵循以上四条准则。但是有时为了特殊的需要,人们会故意打破这些准则。格赖斯(Grice)指出,"反语(irony)、隐喻(metaphor)夸张法(hyperbole)和弱言法(meiosis)等修辞手段就是故意违反会话的质量准则,目的在于通过使用脱离现实的表述来增强语气,使表达更生动形象。"例如:

I think he was married and had a lioness at home.

我想他已经结婚了,老婆是个母老虎。

上例中,lioness并不是说那人家里真有一头母狮子,而是一个隐喻,将那人的妻子比作母老虎。从表面上看,lioness违反了量的准则,言过其实,但发话人却使用这种修饰手段让受话人更深刻地理解了字面下面的隐藏含义。

从整体上看,一个合格的译者需要在了解源语和译语不同的语用原则的基础上,阐述不同语用意义的差异性,调补文化或语用空缺,从而使译文能够符合语用原则和语用习惯。

(三)预设的翻译

预设与翻译密切相关,在具体的翻译实践中,译者需要利用预设避免误解和误译,并需要在具体问题具体分析的基础上,摆脱之前的预设对篇章的影响。

1. 利用预设

预设对翻译有着极为重大的意义,因为译文好坏的确定在很大程度上受意义的影响。系统功能语言学认为,译者是通过词汇、语法理解了原文意义,进而了解了原文语境,而表达时却是通过语境来把握意义,进而选择词汇、使用语法的。换句话说,译者在翻译过程中通过运用有关思维获得文本的关联链,然后建构起连贯的信息,最后在此基础上选择最佳的表达方式。可以说,要想正确理解源语内涵,避免翻译转换过程中出现的误解与误译,译者必须能够善于运用语用预设推理、结合语境分析。例如:

"Wanna go to a movie with me sometime, Jess?" asked Davey Ackerman.

"The name is Jessica. And no I wouldn't, I don't go out with juveniles."

译文一:

"杰丝,想不想什么时候和我一起去看电影?"戴维阿克曼问道。

"名字是杰西卡。不,我不和你去看电影。我不和未成年的孩子出去。"

译文二：

"杰丝，想不想什么时候和我一起去看电影？"戴维阿克曼问道。

"叫我杰西卡。你拉倒吧，我才不呢。我不和小年轻出去。"

上例中，男孩本想用昵称 Jess 和女孩想套近乎，但女孩对他没什么好感，因此用 the name 这一特指纠正了男孩的称呼。对比译文一和译文二我们发现，后者将预设中女孩的冷淡态度表现得十分到位，与下文中女孩拒绝与其出去的回答十分相符，因而译文二质量更佳。

2. 摆脱预设

翻译实践的过程中，预设的作用首先体现在了对原文含义的传递方面。但是意义的表达形式非常复杂，这就需要译者在具体的语境中进行推理判断，从而获得正确的理解。由于文本的差异性，译者不应过于执着于先前翻译实践中所形成的预设，应该具体问题具体分析，从而在最大程度上还原原文含义。

（四）指示语的翻译

指示语（deixis）是语用学中的重要概念，其在言语活动中发挥着重要的影响作用。它能够说明语言和语境之间的密切关系，并随着语境的变化而发生一定的改变。因此，若想准确的翻译指示语，需要结合语境、说话者、受话者等因素进行推断，同时在翻译过程中还要注意交际文化与背景，力图最大限度地进行语用等效翻译。例如：

县官又苦苦地劝老残到衙门去，老残说："我打扰黄兄是不妨的，请放心吧。"

（《老残游记》）

译文一：The hsien magistrate then again pressed Lao Ts'an most urgently to come to the yamen. Lao Ts'an said, "If I impose myself on brother Huang, it won't matter, Please don't worry."

（Shadick 译 The Travels of Lao TIs'an）

译文二：The magistrate insisted that Mr.Decadent should go to the yam en. But the latter said, I don't mind troubling Mr. Huang, so don't worry about me.

（杨宪益夫妇译 Mr.Decadent）

在汉语中，"兄"是一个亲属称谓语，但是在原文中，其由亲属称谓转变为了社交指示语，因此其语义也发生了变化。由于中英文语言的差异，英语中的 brother 很少用于社交场合。因此对此指示语的翻译需要引起译者的注意。译文一将"黄兄"翻译为 brother Huang，虽然表示出了手足之情，但是却没有表现出恭敬的含义，显得有些牵强，甚至会使读者将"虚拟关系"误解为"真实情况"。而译文二将其译为 Mr.Huang，虽然没有称兄道弟，但是却传达了说话者的恭敬之意，也符合西方人的称谓习惯，显得更加恰当。

（五）语境的翻译

语境在很大程度上影响着译者对原文的理解。译者在进行翻译实践的过程中，了解作为符号的语言与具体语境之间的关系对于信息的正确传递影响深远。如果译者忽视了语境的作用，则很难忠实于原文的风格进行翻译，同时也无法准确传递出原文信息。

英汉两种语言带有差异性，因此想要取得完全相同的表达效果是不可能的。翻译中，译者需要在运用自身的语言知识的基础上，重视语境对文章表达的影响，从而在最大程度上还原文章信息。

语用学中的顺应论认为，交际双方在语言使用的过程中不断激活的语境因素和一些客观存在的事物动态会随着交际过程的变化而变化。交际语境和语言语境的变化对交际的影响十分重要。

因此，在进行语用翻译的过程中，译者需要对中西方的语言使用文化和交际背景进行研究，从而提高翻译质量。例如：

犬子将于下月结婚。

My little dog is getting married next month.

这个例子是汉语文化语者写给外国友人的喜帖。译文中将"犬子"译成 My little dog 显然出现了一定的语用失误。译者的译文曲解了原文的语用含义。在进行翻译的过程中，译者需要了解交际双方的交际语境。

在这个例子中，其交际语境主要包括以下几个因素。

物理世界因素：中英两个国度。

社交世界因素：汉语用"犬子、小儿和小女"分别谦称自己的儿子和女儿，而英语中没有类似表达。

心理世界因素：作为父母，写信人把儿子即将结婚的喜悦之情隐藏于低调之中。

根据以上分析和原文含义可输出如下译文：

My son is getting married next month.

除交际语境外，翻译时还要考虑语言语境（即上下文语境）。语言语境主要包括：篇章衔接（contextual cohesion）、互文性（intertextuality）和线性序列

（sequencing）等，并和语言结构有着密切的联系。

（六）礼貌原则的翻译

通过上面六项准则可以看出，礼貌具有不对称性，对一方礼貌就意味着对另一方不太礼貌。礼貌又具有相对性，不同的人、社会所表示礼貌、判断礼貌的标准也不同。

翻译是跨文化交际的桥梁。译者的一个重要任务就是让目的语读者体会到原文文化背景，从而更加深刻地理解原文。这就要求译者必须熟悉源语和目的语在礼貌问题上的差别。例如，英汉语言在应对赞美语时存在极大的差别。英语文化中，面对赞美，人们总是首先表示感谢，以示对发话者观点之赞同，遵循一致原则，表示了礼貌。而在汉文化中，面对赞美，人们总是否定对方的赞美，或自贬一番以示谦虚。对待这种情况，我们可以采用归化或异化的翻译策略。

1. 归化

"归化"的目的在于使译文读者能够像原文读者欣赏原文一样去欣赏译文。这就要求译文必须和原文有着高度的功能对等，且还要尽量贴近译文读者所熟悉的礼貌准则，使译文读起来没有翻译的感觉。"归化"通常用来处理那些不属于源语文化核心而又妨碍译语读者理解的礼貌因素。

2. 异化

"异化"的目的在于保存鲜明的民族文化特色，保证篇章结构和语气的完整与连贯。"异化"通常用来处理那些构成原语文化核心，一旦缺失会导致重要的原语文化信息丧失的礼貌因素，但要求不能影响上下文和语气连贯。有时为了便于外国读者理解，还会添加解释性语言。

（七）关联论与翻译

根据关联论的相关理论内容，译者在进行翻译的构成中，需要结合原文语境，从而找到译文与原文的关联点，继而译者在运用自身翻译技巧的.基础上，对原文逻辑、文化进行再现，最终保证译文的质量。

英汉文化与语言的差异性给翻译带来了很大的困难，如针对同一种文化现象进行不同的语言表达，或者同一种事物有着截然不同的文化含义。在翻译过程中，译者切不可使用本土思维，从而造成译文的语用文化缺失。同时中西方在历史孕育过程中形成了自身鲜明的文化特色，在翻译过程中对这些文化现象的再现也成了检验译文质量高低的重要标准。

例如：

悼红轩

Mourning-the-Red Studio（杨译）

Nostalgia Studio（霍译）

怡红院

Happy Red Court（杨译）

House of Green Delights（霍译）

怡红公子

The Happy Red Prince（杨译）

Green Boy（霍译）

上述分别选自《红楼梦》中"红"字表达的翻译。其中我国学者杨宪益夫妇将"红"字直接翻译为 red，霍克斯（Hawkes）的翻译却没有 red 一词。在翻译时，译者需要考虑作者的思维方式以及读者的阅读方式，对二者进行关联。

第八章　修辞文化对比与英汉翻译

不同文化背景下的人们在使用其本民族的语言时，会采取不同的方式对语言进行加工、润色和调整。也就是说，语言不同，其修辞倾向也存在着明显的差异和区别。就英汉两种语言来看，它们属于不同的语系，同时又受到中西历史文化差异以及两个民族在思维方式方面差异的影响，他们在词汇、句法、篇章等语言的各层面所呈现出来的修辞倾向也相差甚远。对英汉修辞文化进行对比分析不仅对不同文化背景下人们的言语交际大有帮助，并且对翻译也有着重要的促进作用。

第一节　修辞文化对比

英汉修辞文化不仅存在着很多相似点，还存在着诸多差异，下面就从词汇修辞、结构修辞和音韵修辞这三大方面进行对比分析。

一、英汉词汇修辞对比

（一）英汉拟人修辞对比

1. 英语 personification

（1）英语 personification 的定义

personification（拟人）是把人类性状或感情赋予动物，把生命及人类属性赋予无生命之物或抽象概念，或把人类的特点特性加于外界事物上，使之人格化的修辞手法。

《韦氏新世界词典》(Webster's New World Dictionary) 给 personification（拟人）下的定义是："a figure of speech in which a thing, quality, or idea is represented as a person"。

（2）英语 personification 的类型

通常而言，personification（拟人）常见的形式主要有下面三种类型。

第一，将动植物当作人来写。例如：

Edelweiss, edelweiss,

Every morning you greet me,

Smile and white,

Clean and bright,

You look happy to meet me.

雪绒花，雪绒花，

每天清晨你向我问早，

你白皙又娇小，

高高兴兴把我拥抱。

此例将雪绒花赋予人的形象，将其描写为一个天真可爱的孩子。

第二，将自然现象等当作人来写。例如：

The wind whistles through the trees.

风呼啸着穿过树林。

The mist, like love, plays upon the heart of the hills and brings out surprises of beauty.

（R.Tagor）

雾，像爱情一样，在山峰的心上游戏，展现出种种美丽的变幻。

自然现象"风""雾"都是没有生命的事物，在该例中将其当作有情感的人来描写，将大自然形象生动地描绘出来。

第三，将具体的事物当作人来写。例如：

But the houses were cold, closed, and unfriendly.

可是那些房子冷漠无情、门窗紧闭，一点也不友好。

房子本身毫无感情，作者用 unfriendly 将其拟人化，借此来表现房子里主人的冷漠无情。

第四，将抽象的事物当作人来写。例如：

Envy has no holiday.

嫉妒无处不在。

此例句中的"嫉妒"属于抽象事物，此处赋予其人的思想和行为。

2. 汉语拟人

（1）汉语拟人的定义

汉语拟人就是把物当人描写，赋予物以人的言行、声情笑貌，这种修辞手法又叫人格化。换言之，拟人是根据想象把无生命的东西当作有生命的东西来描写，把物当人描写，赋予各种"物"以人的言行或思想感情。

拟人修辞的使用可以使表现对象的特征更为突出，它能使无生命的东西栩栩如生，使有生命的东西可爱可憎。适当地采用拟人化手法，可以增强文章的渲染力和吸引力。

（2）汉语拟人的类型

汉语拟人修辞主要有以下几大类型。

第一，将动植物当作人。例如：

和多姿的花儿们恋爱整个夏天

我是忙碌的

（羊令野《蝶之美学》）

此例中将"花儿们"赋予"恋爱"的想法，当作人来描绘，生动形象。

第二，将具体的事物当作人来写。例如：

往前开不远儿，刚过了岔道，没电了，他就下了车解手儿，电来啦，电车这么想："哟，没人管我了，那我就自己走吧，车就跑了！"

（侯宝林《侯大胆》）

此例中将"电车"拟人化，给描写增添了许多趣味。

第三，将抽象的事物当作人来写。例如：

盼望着，盼望着，东风来了，春天的脚步近了。一切像刚睡醒的样子，欣欣然张开了眼。

（朱自清《春》）

此例将"春天"当作一个少女来描写，赋予人的言行或思想感情。

3. 英汉拟人修辞对比分析

（1）英汉拟人修辞的相同点

英汉拟人修辞的相同点主要体现在以下几个方面。

第一，常与呼告修辞格混合使用。拟人与呼告修辞混合使用，能有效地将作者强烈的感情、赞美、同情、憎恨、痛斥尽情地展现出来，将会使读者与作者产生心灵共鸣。例如：

O Cuckoo！Shall I call thee bird？

Or but a wandering voice？

（W.Wordsworth：To the Cuckoo）

布谷，是把你叫鸟好还是称你为漂浮的声音？

此例是华兹华斯的诗句，诗人情不自禁地对布谷鸟呼唤，字里行间充满了诗人对布谷鸟的亲切、爱抚之情。

第二，拟人的手法相同。用描写人的词汇来描写物，使物人格化。拟人的修辞手法可以实现托物以抒情、托物以寓意的目的。例如：

去年今日此门中，人面桃花相映红。人面不知何处去，桃花依旧笑春风。

（崔护《题都城南庄》）

诗中说桃花依旧在"笑"，说明诗人赋予了桃花以人的属性。

（2）英汉拟人修辞的不同点

英汉拟人修辞的不同点主要体现在以下几个方面。

第一，汉语指称系统的词汇化拟人和英语动词系统的词汇化拟人。

汉语指称系统是一个充满隐喻的符号世界，对于事物、现象、状态、行为的指称，中国人尤其注重指称的具象性，据此造出形象性的语词。

英语动词系统中的综合性拟人表达法也比较丰富，英语语言中普遍存在词汇缺项现象，特指名词通常在数量上多于特指动词。但汉语特指动词缺项与英语也有所不同。

造成这种差异的原因一方面在于英语"结合法"的构词方法，此方法使N→V等转类成为可能，但汉语的许多词是兼类的，也就无所谓转化。例如，汉语"头"和英语 head，汉语"头"可作名词、形容词、量词，但不作动词，英语 head 作不及物动词用的义项有4个，作及物动词用的义项有10个，其中有的是"死的隐喻"如 head for Tianjin（朝天津驶去），head down peach trees in the first year of their growth（桃树生长的第一年时截去树梢）。由此可见，英语动词的拟人表达在汉语中无法对应，汉语对应表达通常不用拟人。

第二，英汉词汇化拟人的不完全对应的现象。词汇化与语言特点和文化背景都有关联，英语中的拟人受到其地理、文化等的影响。英国属于岛国，因此在英语拟人就出现了很多关于航海的词汇化拟人，如 a finger of land（陆地伸入海洋的狭长地带），a neck of the sea（海峡）等。中国多山，但是在汉语中则多对其进行平铺直叙。在西方，人们习惯于用 Father 来拟称河流，如 Father Thames（泰晤士河），Father of Waters（密西西比河）。中国自古以来以农业为主体，河流哺育了整个华夏民族，因此汉语中则通常将长江、黄河等河流拟称为"母亲河"。这就是英汉语言与文化的不完全对应现象。

（二）英汉双关修辞对比

1. 英语 pun

（1）英语 pun 的定义

在《牛津英语词典》（The Oxford English Dictionary）中对 pun 进行了如下界定：the use of a word in such a way as to suggest two or more meanings or different associations, or the use of two or more words of the same or nearly the same sound with different meanings, so as to produce a humorous effect.

通过分析该定义，可以看出，双关是借助同音异义（paronomasia）或同形异义（antanaclasis），使表达具有两种不同含义的一种修辞方式。使用双关需要一定的前提条件：双关的字面含义和隐藏含义要具有一定的相似点，这样才能使语句拥有两个含义，引发读者联想。

双关的特点是表达含蓄。通过双关可以使语言产生幽默、诙谐的效果，将隐藏之意以含蓄、幽默的方式表达出来，使听话人更容易接受，最终达到一石二鸟、敲边鼓的作用。

（2）英语 pun 的类型

英语 pun 主要包括以下几种类型。

第一，语义双关。语义双关是由于一词多义或同形异义而造成的双关。语义双关的使用有两种情况：表面含义和实际含义不同的双关词只出现一次；双关词出现多次，语义随语境的变化而变化。例如：

The diner was furious when his steak arrived too rare. "Waiter," he barked, "Didn't you hear me say 'Well done'?"

"I can't thank you enough, sir," replied the waiter. "I hardly ever get a compliment."

一位就餐者因为端来的牛排半生半熟大发雷霆。"侍者，"他吆喝着，"难道你没有听我说要'熟透的'吗？"

"实在感谢不尽，先生。"侍者回答。"我难得受到别人的夸奖。"

第二，谐音双关。谐音双关（homophonic puns）又称语音双关，是利用同音异义词促使读者产生联想而构成的双关，使用语音双关可增加语言的诙谐、幽默与活泼之感。例如：

第三，歧解双关。歧解双关的出现是由于英语单词往往有不止一个意思，导致受话人有意或无意误解了对方的意思。

2. 汉语双关

（1）汉语双关的定义

汉语中的双关是利用词汇的同音、多义等条件，有意用同一个词汇、语句等语言片段在相同的语境中同时照应两种事物，表达两种意思：表面意思和隐含意思。其中，表面意思被称为表体，隐含意思被称为本体。本体是双关表达的重点。

（2）汉语双关的类型

根据表现形式和内容的不同，汉语双关可以分为两类：谐音双关和语义双关。

第一，谐音双关。这一类型指的是利用词汇语音的相同或相似而构成的双关。例如：

杨柳青青江水平，闻郎江上唱歌声。

东边日出西边雨，道是无晴却有晴。

（刘禹锡《竹枝词》）

本诗末尾的"晴"与情感的"情"同音，构成双关，表现了女子含羞不露的内在情感。

第二，语义双关。汉语中的语义双关又称语意双关、意义双关、寓意双关，是利用词汇的多义现象而构成的双关。例如：

繁：你受过这样高等教育的人现在同这么一个底下人的女儿，这是一个下等女人……

萍：（暴烈）你胡说！你不配说她下等，你不配，她不像你，她……

繁：（冷笑）小心，小心！你不要把一个失望的女人逼得太狠了，她是什么事都做得出来的。

萍：我已经打算好了。

繁：好，你去吧！小心，现在（望窗外，自语，暗示着恶兆）风暴就要起来了！

（曹禺《雷雨》）

本例最后的"风暴"一词是个语义双关词，表面上是一种天气现象，实际上是指即将到来的激烈的矛盾。

第三，歧解双关。汉语中的歧解双关也是由于语言成分的语音相同、相近和语义多样而造成的。例如：

第二天，又上课了。几个相当用功的学生兴冲冲地给老师送上了几个答题的卷子。他们说，他们已经做出来了，能够证明那个德国人的猜想了。可以多方面地证明它呢。没有什么了不起的！哈！哈！

"你们算了！"老师笑着说，"算了！算了！"

"我们算了，算了。我们算出来了。"

（徐迟《哥德巴赫猜想》）

本例中教师所说的"算了，算了"是让学生们不要费力解题了，而学生却理解为"算题"的"算"，是一个典型的歧解双关。

3. 英汉双关修辞对比分析

（1）英汉双关的相同点

通过英语 pun 和汉语双关的定义可以看出，二者皆是利用词汇的同音、多义而构成的，也都有谐音双关、语义双关和歧解双关三类。英汉双关修辞在文学作品、评论文章以及广告中都得到了广泛的应用，以使语言产生含蓄、幽默、委婉之感。

（2）英汉双关的不同点

众所周知，英语中经常借助 antanaclasis（同音同型异义词重复）来构成双关，而关于 antanaclasis 是否与汉语中的双关对应还存在争论。有学者认为英语中的 antanaclasis 与汉语中的"换义"类似。另外，汉语双关只能关照两种事物和意义，而英语 pun 有时能关照两个以上的事物和意义。例如：

Not I, believe me. You have dancing shoes With nimble soles; I have a soul of lead So stakes me to the ground. I cannot move.

（William Shakespeare：Romeo and Juliet）

我实在不能跳。你们都有轻快的舞鞋。

我只有一个铅一样重的灵魂，

把我的身体紧紧地钉在地上，使我的脚步不能移动。

本例中，作者利用同音异形词 sole（舞鞋）和 soul（灵魂）构成了谐音双关，从而引发三种不同的关照：第一，sole（舞鞋）和 sole（舞鞋）对照，意思是：你们都有轻快的舞鞋，我只有铅一样重的舞鞋；第二，sole（舞鞋）和 soul（灵魂）对照，意思是：你们都有轻快的舞鞋，我只有铅一样重的灵魂；第三，soul（灵魂）和 soul（灵魂）对照，意思是：你们都有舞鞋，心情又轻松，而我虽然有舞鞋，却心情沉重。这三种对照实际上从各个侧面反映了罗密欧当时苦恼、沉郁的心情。

（三）英汉仿拟修辞对比

1. 英语 parody

（1）英语 parody 的定义

麦林韦氏国际词典（第三版）（Webster's Third New International Dictionary）对 parody 的定义如下：a writing in which the language and style of an author or work is closely imitated for comic effect or in ridicule often with certain peculiarities greatly heightened or exaggerated.

由上述定义可以看出，parody 是在保持所仿成语、谚语等的基本句式不变的情况下，替换其中部分字词而构成新的成语、谚语的一种修辞手段。由于仿拟的成语、谚语等的含义早已为人们所熟知，因而仿拟出的新表达往往能够带给读者以新鲜感、趣味性，为读者留下深刻印象，达到讽刺、嘲弄或幽默的目的。

（2）英语 parody 的类型

英语 parody 主要包括以下几种类型。

第一种类型：仿词。仿词是指保留本体词的结构，替换掉其中的某个词而创造出临时性的新词。

第二种类型：仿语。仿语是指保留本体短语的结构，替换掉其中的个别词汇而构成新的短语。例如：

Though Henry Adams found Cambridge a "social desert", it flowed with intellectual milk and honey.

虽然亨利·亚当姆斯认为剑桥是一个"社会沙漠"，但它却流着知识的奶和蜜（人才荟萃之地）。

第三种类型：仿句。仿句是在保留本体句结构的基础上改动个别词汇，创造出临时性的新语句。例如：

"One better than that," said Chadwick, "is to give the place a nice new fancy name altogether. Bags of swank."

（G.W.Target：The Teachers）

查德维克说，"上策就是给这个地方取一个新的名字。改头换面气象新嘛！"

第四种类型：仿调。仿调是指整个章节、诗文仿拟了原有的某一篇章、诗文的形式，表现出了新的内容。例如：

How doth the little crocodile

Improve his shining tail

And pour the waters of the Nile

On every golden scale!

（Lewis Carroll：Alice's Adventures in Wonderland）

小鳄鱼怎样

保养它尾巴的闪光，

把尼罗河水泼洒在

片片金色的鱼鳞上！

2. 汉语仿拟

（1）汉语仿拟的定义

王德春曾指出，仿拟是"为使语言诙谐讽刺而故意仿照一种既成的语言形式。"即根据表达需要而故意仿照人们熟悉的既有语言材料，创造出新的词汇、短语、语句、篇章，使语言或生动活泼、或幽默诙谐、或讽刺嘲弄。

（2）汉语仿拟的类型

汉语仿拟可以分为以下四大类型：仿词、仿语、仿句、仿调。

第一种类型：仿词。汉语中的仿词是替换原词中的某个或某几个关键字而构成的。替换的字与原字之间具有相反、相对或谐音等关系。仿词在篇章中使用时大多先说本体词，再说仿词。

第二种类型：仿语。汉语仿语通常替换成语中的某个或某两个字构成新的"成语"。由于汉语成语的结构较为固定，一般是四个字，即使替换一两个字也能被读者辨认出来，因此被仿的成语一般不出现。例如：

在一个历史性的时刻，我一家旅居于一个小山村。其地民情醇厚；其地山水甚美，花草树木甚美，雀鸟蝴蝶甚美。我忽然有动于衷，并异想天开，以小散文试作花卉画，试作风景画。

（《榕树文学丛刊》）

本例中的"有动于衷"是对"无动于衷"的仿拟，二者互为反义。

第三种类型：仿句。仿句是在原句格局或句法的基础上替换其中的部分词汇而构成新的语句。仿拟的对象通常是古今广为流传的名言名句。

例如：今天考试的时候，小丹明明知道课文中有一句"一次被蛇咬，三年怕井绳"的成语，可是他自己没有被蛇咬过，不如写成"一次被蜂咬，三年怕嗡嗡"

更加贴切些。

（叶永烈《奇怪的蜜蜂》）

本例中的"一次被蜂咬，三年怕嗡嗡"是对"一次被蛇咬，三年怕井绳"的仿拟。

第四种类型：仿调。仿调就是对既存篇章、语调的模仿。例如：

我的所爱在山腰；想去寻她山太高，低头无法泪沾袍。爱人赠我百蝶巾；回她什么，猫头鹰。从此翻脸不理我，不知何故兮使我心惊。

我的所爱在闹市；想去寻她人拥挤，仰头无法泪沾耳。爱人赠我双燕图；回她什么，冰糖葫芦。从此翻脸不理我，不知何故兮使我糊涂。

（鲁迅《我的失恋》）

由于仿拟的对象通常是家喻户晓的诗词、成语、谚语、公文等，往往能造成一定的喜剧效果，因而也广泛应用于人们日常生活的各个领域中。

3. 英汉仿拟修辞对比分析

（1）英汉仿拟的相同点

英汉仿拟的相同之处在于二者的构成方式、分类以及修辞功能都很相似：都是在保留本体基本结构的基础上改变其中的部分字词、语句等；都可以分为仿词、仿语、仿句、仿调；都具有简洁明了的特点和幽默、讽刺的效果，能够使语言更加生动活泼、富有说服力。

（2）英汉仿拟的不同点

由于英汉语言在语音、语义、语法等方面都存在很多差异，因此英语 parody 和汉语仿拟在类型和使用范围上也存在一定的差异：汉语中的仿拟以仿词、仿句最为常见。这是汉语构词灵活性大的特点所致。而英语中基于字词的仿拟则相对于汉语要少一些。

二、英汉结构修辞对比

（一）英汉排比修辞对比

1. 英语 parallelism

（1）英语 parallelism 的定义

排比（parallelism）源自于希腊语，意为"beside each other"或"alongside one another"，指的是两个平行项，就如同两条平行线并排在一起。

parallelism 在文学术语与文学理论词典（Dictionary of Literary Terms & Literary Theory）中是这样解释的："It consists of phrases or sentences of similar construction and meaning placed side by side, balancing each other." 从定义我们可以看出 parallelism 的格式是平行排列两个或两个以上结构相同或相似、意义相关的短语或语句。在实际运用中，三项式要比两项式多，三项以上的也不少。

（2）parallelism 的句法表现形式

英语 parallelism 的句法表现形式有以下几种类型。

第一种类型是单词的平行排列。单词的平行结构（a series of words）构成该结构的词既可以是名词、动词、形容词，也可以是分词。在句中所作成分是主语、谓语、宾语、状语或同位语。例如：

Women were running out to the line of march, crying and laughing and kissing the men good-bye.

（J.D.Killens：God Bless America）

妇女们冲进行军队伍，他们哭着、笑着、与亲人吻别。

在本例中，作者用 crying, laughing 和 kissing 三个分词构成了一个简单的排列结构。

第二种类型是短语的平行排列。短语的平行结构（a series of phrases）中的短语包括介词短语、不定式短语、形容词短语、动词短语、分词短语以及其他短语。例如：

Studies serve for delight, for ornament, and for ability.

（Francis Bacon：Of Study）

读书足以怡情、足以博采、足以长才。

这是培根有名的一句话，运用了三个短语 for delight, for ornament, for ability 将学习的好处简明扼要地列举了出来。

第三种类型是从句的平行排列。从句的平行结构（a row of clauses），顾名思义就是几个从句构成的排比。例如：

Is there anything difficult for us to do in the world? If we do it, the difficult thing will become easy; if we don't, the easy thing will become difficult.

天下事有难易乎？为之，则难者亦易矣。不为，则易者亦难矣。

第四种类型是语句的平行排列。语句的平行结构（a series of sentences）就是由几个语句组成的排比。例如：

The feeling of the nation must be quickened; the conscience of the nation must be roused; the propriety of the nation must be startled; the hypocrisy of the nation must be exposed; and its crimes against God and men must be proclaimed and denounced.

(Frederick Douglass: An Ex-Slave Discusses Slavery)

我们必须触动这个国家的情感，唤起她的良知，震撼她的礼仪之心，揭露她的伪善，公开谴责她违背上帝和人类的罪行。

美国著名的废奴主义者道格拉斯在这段话里精心设计了一组五句排比。其条理井然、气势磅礴，语义由轻到重，语势渐增，意义层层推进，控诉了血腥野蛮的种族歧视制度。

2. 汉语排比

现代汉语词典给排比下的定义是："修辞方式，用一连串内容相关、结构类似的语句成分或语句来表示强调和层层的深入。"排比用于叙事时，会使叙事层次更加分明，语义更加畅达；用于说理时，会使说理条理更加清晰，气势更为磅礴；用于抒情时，会使感情丰富洋溢。

3. 英汉排比修辞对比分析

英汉排比的比较可以从两个方面来进行，即修辞作用和结构。概括来说，英汉排比的修辞作用相同，但结构却存在差异。

（1）修辞作用方面

英汉排比的修辞作用大致相同，主要表现在以下几个方面。

第一，排比用于说理，会使说理更加周密、透彻、发人深省。例如：

Studies serve for delight, for ornament, and for ability. Their chief use for delight, is in the privateness and retiring; for ornament, is in discourse; and for ability, is in the judgment and disposition of business.

(Franeis Bacon: Of Studies)

读书足以怡情，足以博彩，足以长才。其怡情也，最见于独处幽居之时；其博彩也，最见于高谈阔论之中；其长才也，最见于处世判事之际。

（王佐良译）

第二，排比用于抒情，可以使语气更加强烈，感情更加丰富。例如：

For it is not light that is needed, but fire; it is not the gentle shower, but thunder. We need the storm, the whirlwind, and the earthquake. The feeling of the nation must be quickened; the conscience of the nation must be roused; the propriety of the nation must be startled; the hypocrisy of the nation must be exposed; and its crimes against

God and men must be proclaimed and denounced.

（Frederie Douglass: An Ex-Slave Discuss Slavery）

因为现在需要的不是光，而是火；不是和风细雨，而是雷电霹雳；我们需要暴雨，需要飓风，需要地震。我们必须触动这个国家的感情，唤起她的良知，震撼她的礼义之心，揭露她的伪善，公开谴责她违反上帝和人类的罪行。

（石幼珊译）

上述一段话包含了三个长短不一的排比，层层递进，环环相扣，整篇文章读来气势强劲，撼人心魄。

（2）结构方面

英汉排比在结构上存在着差异，主要体现在省略和替代两个方面。例如：

If you are writing without zest, without gusto, without love, you are only half a writer.

你在创作时如果没有激情、没有热忱、没有爱心，那你只能算是个半拉子作家。

上述英汉例子排比语法结构完整匀称，没有省略任何词汇。大多数情况下，英语中的排比没有省略，只有在少数情况下有词汇省略的现象出现。而汉语排比在任何情况下都不存在省略现象。

英语排比的省略多表现在动词这种提示语（构成排比句的几个组成部分中反复出现的词汇）的省略上。例如：

Wine should be taken in small dose, knowledge by large.（proverb）

酒要少量饮，知识要多学。

有时也省略名词，例如：

The first glass for thirst, the second for nourishment, the third for pleasure, and the fourth for madness.

一杯解渴，两杯营养，三杯尽头，四杯癫狂。

关于替代，英语排比的后项通常用人称代词来指代前项的名词，汉语排比则常常重复这一名词。来看下面例子：

Crafty men contemn studies, simple men admire them, and wise men use them.

（Francis Bacon: Of Studies）

狡狯之徒鄙视读书，浅陋之人羡慕读书，唯明智之士活读活用。

（二）英汉反复修辞对比

1. 英语 repetition

（1）repetition 的定义

反复（repetition）在 Grolier Academic Encyclopedia 中的解释是 "the repeating of any element in an utterance, including sound...a word or phrase, a pattern of accents...or an arrangement of lines."可见，重复的表现形式是多种多样的，既包括词法、句法方面的重复，也包括音韵方面的重复。

（2）英语 repetition 的类型

反复的运用格式可分为两大类型：连续反复（immediate repetition）和间隔反复（intrmittent repetition）。

第一种类型：连续反复。连续反复即相同的单词、短语或语句紧接着出现，中间没有其他词或短语。这样的反复一气呵成，如排炮连发，给人一种江河直下的美感。

We kept talking, talking, talking all night long.

我们谈呀，谈呀，谈了整整一个晚上。

第二种类型：间隔反复。间隔反复即相同的单词、短语或语句紧接着出现，但中间插入了其他词或短语。根据被重复词汇在句中的位置，可将反复划分为：句首反复（syntactie anaphora）、句尾反复（syntactic epiphora）、首尾反复（syntactic framing）及尾首反复（syntactic anadiplosis）等。

第一，句首反复。即同一单词或短语出现在连续数句的开头。由于句首的位置最醒目。反复的运用会强化视觉上的刺激，产生强烈的印象。例如：

Now is the time to forget everything in the past. Now is the time to get down to the business. Now is the time to work hard for the future.

现在是忘记一切的时候了。现在是言归正传的时候了。现在是为了未来而奋斗的时候了。

第二，句尾反复。即在数句的结尾重复使用一个单词或短语。一般情况下，句尾是意义的重心所在，是新信息所在。例如：

We'll work for freedom, we'll fight for freedom, we'll die for freedom.

我们为自由而工作，为自由而斗争，为自由而献身。

该句中三个 for freedom 很有分量，将作者的感情强烈地表现了出来。这种反复在语义上突出强烈，在音韵上和谐悦耳，在修辞效果上独具特色。

第三，首尾反复。是指在一个分句或语句的首尾使用相同的词，形成首尾呼应。首尾反复给人的印象鲜明深刻。例如：

Blood must atone for blood.

血债要血还。

第四，尾首反复。即用语句中上一部分的结尾词来作为下一部分的开始，或者在连续两个语句里，后一句句首重复上一句句尾的一个词，使得前后两部分首尾蝉联。

How has expectation darkened into anxiety—anxiety into dread–and dread into despair！

（W.Irving）

期望如何变为忧虑—忧虑变为恐惧—恐惧又变为绝望！

2. 汉语反复

（1）汉语反复的定义

陈望道在《修辞学发凡》一书中，给反复的定义如下："用同一的语句，一再表现强烈的情思的，名叫反复辞。"徐鹏在《修辞和语用——汉英修辞手段语用对比研究》书中，给的定义是："汉语的'反复'，是有目的地连续或间隔使用同一单词、短语或语句的修辞格。"

反复是汉语传统的修辞方法之一，它广泛地应用于散文、小说诗歌、戏剧以及人们日常的言语中。其表现形式丰富，种类繁杂。例如：

从浦口山上发脉，一个墩，一个炮，一个墩，一个炮，一个墩，一个炮，弯弯凸曲，骨里骨碌，一路接着滚了来。滚到县里周家冈，龙身跌落过峡，又是一个墩，一个炮。

（吴敬梓《儒林外史》）

（2）汉语反复的类型

根据反复的连续与否，我们可以把反复分为连续反复和间隔反复两种基本形式。例如：

沙僧道："怎的说？"呆子道："了不得！了不得！疼疼疼！"说不了，行者也到跟前笑道："好呆子啊！昨日咒我是脑门痛，今日却也弄做个肿嘴瘟了！"八戒哼道："难忍难忍！疼得紧！利害，利害！"

（吴承恩《西游记》）

在上例中，既有词的反复，如"疼疼疼"和"利害，利害"，又有词组的连续反复,如"了不得!了不得!"和"难忍难忍!"。运用这些反复,生动而形象地表述了八戒当时极度疼痛而焦急的心情。

3. 英汉反复修辞对比分析

无论是英语,还是汉语,反复修辞格的使用,都不仅可以表现逐渐加强的情感,还能给人一种逐步加深的感染力。

三、英汉音韵修辞对比

(一)英汉拟声修辞对比

1. 英语拟声

英语拟声也可以称为"摹声",其英语单词为 onomatopoeia,该单词源于希腊语 onomatoped,该词的本意为"造词"。在 Webster's Third New International Dictionary of the English Language 中将 onomatopoeia 定义为:The formation of words in imitation of natural sounds; the naming of action by a more or less exact reproduction of the sound associated with it. 简言之,拟声修辞就是对人、动物或者事物的声音的模仿,进而使语言生动形象的修辞格。

英语拟声可以分为基本拟声和次要拟声两种类型。

(1)基本拟声。基本拟声是利用音与义之间的相似性来引发音与义的联想。英语中的拟声词大多有其声音的来源,下面就介绍几种基本拟声词的形成。

①模仿飞禽走兽的声音而形成的拟声词。例如:

Doves coo.

鸽子咕咕叫。

②模仿大自然的声音形成的拟声。例如:

The breeze murmured in the pines.

松树里微风沙沙作响。

③模仿物体碰撞的声音形成的拟声。例如:

The drunken driver drove bang into the store window.

醉醺醺的司机卡车砰的一声撞进了商店的橱窗。

(2)次要拟声。次要拟声主要指音与某种象征的意义发生联想。次要拟声主要有下面几种形式。

①以 sn- 开始的词表示呼吸,如 sniff(嗅、闻),snore(鼾声、呼噜);表示动作的分离和移动,如 snip(剪切声),snatch(攫取、抢夺),表示爬行,

如 snake（蜿蜒），sneak（行动鬼祟）等。

②以 m- 字母词象征低沉的声音，如昆虫的营营声（hum），growl（低沉的怒吼），grumble（咕哝，嘟囔）等。

③以 b- 的发音象征水的激动声，如 babble（潺潺作声），boil（使沸腾，使激动等）。

2. 汉语拟声

在《现代汉语字典》里将拟声词定义为模拟事物声音的词。汉语拟声词可以按照表现对象的不同分为下面几种类型。

（1）关于人的拟声。关于的人的拟声主要包括人的动作和人的心情的。关于人的动作的拟声有哭、笑、流泪、呼吸、喘息、咳嗽等。例如：

她一用功，篱笆拉倒了，她就势跪在石阶上，一边呼哧呼哧喘气，一边咯咯地笑。

（贾平凹《拜年》）

关于人的心情的拟声多为心跳或脉搏跳动的声音等。例如：

"影响上课？"俊秀这么说了一句，心就腾腾腾地跳，同时又一股麻酥酥的东西传遍全身。

（贾平凹《第一堂课》）

（2）关于自然现象的拟声。这些拟声词往往是对风雨、雷电等声音的模仿。例如：

由于年久失修，地板弓起，踩上去咯吱吱发响，物体摩擦扭曲时发出的声音，炸雷咯喳喳打断了他的话。

（柳青《铜墙铁壁》）

（3）关于事物的拟声。关于事物的拟声多是关于人与人、人与事物之间的碰撞、击打、摩擦等。例如：

突然，院门"哐"地推开了，进来一个人。

（贾平凹《喝酒》）

（4）关于动物的拟声。动物的拟声主要是模仿动物的叫声和各种动作的声音。例如：水壶在响着，咝儿，咝儿，是秋虫在里边鸣叫吗？

（贾平凹《雪夜静悄悄》）

3. 英汉拟声修辞对比分析

英汉拟声修辞具有相同之处和不同之处，下面就对他们进行分析。

（1）相同点。英汉拟声修辞在分类和语言效果上都具有一定的相同之处。除此之外，英汉拟声词的语法功能也基本相同。它们在语句中都可以作谓语、状语和定语成分。例如：

The sound of rustling leaves broke the silence of night.（作定语）

沙沙的树叶声，打破了夜晚的寂静。（作定语）

车辚辚，马萧萧。（作谓语）

Chariots were rattling and horses were neighing.（作谓语）

（2）不同点。由于英汉语言之间的差异导致了英汉语言中对于同一种声音会有不同的语言表达形式。下面就从四个方面对其差异进行分析。

①结构上的差异。英语拟声词无论其复杂程度如何，一般都由一个单词担任，而汉语拟声词则相对比较具有规律性，更加具有节奏感。

A. 单个拟声词。例如：

The iron gate was pulled to with a clang.

铁门"哗"的一声给拉上了。

B. 两个相同的拟声词。例如：

There came the sound of reading aloud in the classroom.

教室里传来了朗朗的读书声。

C. 两个不同拟声词的叠加。例如：

The rain kept pouring down.

雨哗啦下个不停。

D. 不同拟声词的叠用。例如：

Cut the cackle and get down to business.

打断叽叽喳喳的谈笑声，转而进入正题。

②词性上的差异。英语中没有拟声词单独存在，因此英语中的拟声词由动词、名词、副词等词来担任。由此可知，英语中的拟声词都为实词。

例如：

动词：tinkle（发出叮当叮当声）

名词：boom 模拟"轰轰"的声音

形容词：wheeze 呼哧呼哧响的

副词：cerank "啪"的一声

汉语中有单独的象声词这个词类，因此有的语法书中将其归为虚词，有的则将其认为是实词,直到现在,其词性还没有定论。

(二)英汉头韵、尾韵修辞对比

1. 英汉头韵修辞对比

英汉头韵修辞的比较主要对比的是英语的头韵和汉语的双声。英语修辞中的头韵修辞与汉语的双声修辞在用法和形式上具有一定的对应性,因此头韵修辞的比较就在这两种修辞中展开。

(1)英语头韵

英语中的 alliteration 一词源自拉丁语的 aliteratio,其意思是:重复使用同一个字母(repeating and playing upon the same letter)。作为英语中一种十分常见的音韵修辞格,头韵的恰当使用能够赋予语言以音乐美和整体美,使语言生情交融,音义浑然一体,具有很强的语音表现力和感染力。

根据我国学者王家衡的观点,英语头韵可分为以下不同的类别:第一,辅音的重复。例如,"Dumb dogs are dangerous."

第二,语音(不强调是元音还是辅音)的重复。例如,"Much meat, melody."

第三,字母的重复。例如,"The lips of leaves, and the ripple of rain."

第四,兼指字母或语音的重复。例如,"The plowman homeward plods his weary way."

第五,辅音连缀重复。例如,"Spare the rod, spoil the child."

第六,元音的重复。例如:"Come; for all the vales. Await thee, azure pillars of the hearth.Arise to the thee."

第七,不同辅音的交叉重复。例如:"Ripens and fades and falls and hath no toil.Fast rooted in the fruitful soil."

(2)汉语双声

汉语双声指的是两个或者多个连接的音节彼此间具有相同的声母。具有这种特点的词为双声词,如积极、玲珑、方法等。

汉语双声根据其构成形式的不同可以分为三大类型:第一,双声联绵词。双声联绵词指的是那些不可分割的双音节单纯词。联绵词在书写时虽然是两个汉字,但是这两个汉字只有组合起来才能表达一定的意思,分开后其不具备任何实际意义。因此,双声联绵词是最小的语音语义结合体。这样的双声联绵词在汉语中有很多。例如,踟蹰踌躇尴尬、忐忑、伶俐等。第二,双声合成词。双声合成词指的是由两个声母相同的自由词素构成的合成词。双声合成词的词义一般可以由其组成部分的意思得出。例如，到达、道德、改革、新鲜等。第三，其他双声词。除此之外，在很多的古诗文中也常会出现一些双声词。例如，"大雨落幽燕"中的"幽燕"，"清琴人性灵"中的"清琴"等。

（3）英语头韵和汉语双声对比分析

英语头韵和汉语双声在一定程度上具有相似性，但是两者之间也存在较大的差异。

①在历史作用方面的差异。从历史作用的角度来讲，英语头韵在其历史中的作用要远远大于双声在汉语中所起的作用。从公元450年到1200年，头韵在古英语诗歌中的使用曾风靡了近8个世纪，正如霍尔曼（C.H.Holman）在其所著的 A Handbook to Literature 一书中说道："Old English versification rested in large measure on alliteration as did much Middle English poetry." 而在中古英语时期，仍然有不少诗人和文学家相沿成习地使用头韵这一表达手法。据有关史料记载，头韵的使用在公元7、8世纪之交已达到相当成熟的程度。这一时期的著名史诗《贝尔武甫》（Beowul）就是使用头韵的显著典型代表，这一史诗中的每行诗句中都有两个或三个重读音节押头韵。

14世纪中后期，英国诗歌之父——乔叟（Chaucer）从法国文学中翻译并引进了各种押尾韵的诗章，从而逐渐取代古英诗中的头韵。在15世纪以后，头韵逐渐消亡。但头韵的影响并没有从此消失，这之后的一些诗人、文学家（包括乔叟在内）也不时地在其诗歌或散文创作中使用头韵。17世纪的英国著名诗人弥尔顿（Milton）的短诗中也经常使用头韵，他在诗歌创作中通过运用不同的修辞手段来增强头韵的表现力，从而使头韵变得更加柔和。

直到19世纪末，英国著名诗人霍普金斯（G.M.Hopkins）大力倡导恢复头韵这一传统修辞手法，并取得了卓著的成绩。之后的英美诗人如拜伦（George Gordon Byron）惠特曼（Walt Whitman）、庞德（Ezra Pound）、埃伯哈特（R.Eberhart）、奥登（W.H.Auden）等都青睐这一修辞手法并广泛在其作品之中运用。

由此可以看出，从盎格鲁—撒克逊时代至今，头韵一直作为主要的作诗技巧在英语诗歌创作中发挥作用。

而汉语的双声虽然从《诗经》时代就已开始使用，但在语言的发展与历史演变中，双声与尾韵、叠韵共同担负着提高诗歌音乐性的重任。然而，与尾韵相比，双声的音乐性又逊色很多。双声所产生的乐感远不如尾韵的乐感鲜明。构成双声词的字通常紧密相连,字与字之间没有间隔,因而也就失去了跌宕起伏的韵致。与之相反,押尾韵的词汇,由于周期性的间隔,反倒起伏错落,乐感鲜明强烈。例如:

"蒹葭苍苍,白露为霜。所谓伊人,在水一方。溯洄从之,道阻且长。溯游从之,宛在水中央。"(《秦风·蒹葭》)。

其中的"蒹葭"是双声词,虽然它也有一定的音韵美,但是同押尾韵的"苍、霜、方、长、央"相比较,其所产生的乐感则相距甚远。从在当代所起的作用来说,汉语"双声"在当代汉语中的使用也不能同英语头韵在当代英语中的使用相提并论。

现如今,英语头韵依然被广泛应用于语言使用的各个场合,无论是诗歌、习语、谚语和箴言,还是各种体裁的文学作品,无论是散文、政论、演说辞等,甚至是书名、标题、广告等,头韵的使用到处可见。

而汉语双声却很难受到作家、知识阶层、广告撰写人等相关人士的重视。我们在使用"慷慨""芬芳"这类词汇时,也很少有人意识到是在使用双声词,更不必说其所具有的修辞功能。

总体而言,无论是在古代还是在现代,英语头韵作为一种重要的修辞手法都发挥了其自身的作用,相比较而言,虽然汉语双声在古代诗歌中也占有一席之地,但其在现代汉语中所起的作用要微弱很多。

②在构成机制方面的不同。英语头韵与汉语双声虽然有相似之处,但二者并不完全等同。就其内部机制而言,二者的不同之处主要有以下几个方面。

第一方面,英语头韵产生的音韵效果主要来自语音的重复。所以,即使单词的拼写不同,但其发音一致,也能构成头韵。例如,Careklled the cat。相反,字母相同,发音不一致的一组单词则不能构成头韵。例如,psychological power, the crowed cheered。汉语双声只是简单的声母重复,不存在读音与汉字形式的关系(叠音词除外)。

第二方面,英语头韵既可以是辅音的重复,也可以是元音重复。例如:
Ida Ivy identified the ivory iris.

埃达·埃威辨认出了象牙色的鸢尾花。

汉语双声是声母的重复。例如:踟蹰、美满、道德等。而韵母的重复则称作叠韵。例如:玫瑰、展览、发达等。

就英语辅音重复构成的头韵这一点来说,其与汉语双声所包括的内容是基本相同的。

第三方面，英语头韵不要求两个头韵词紧靠在一起，但必须同属一个词组、一句话或一诗行。而在汉语双声中两个同声母的词素必须紧靠在一起。

第四方面，英语头韵是两个或多个词用在一句话或一诗行中。而汉语双声主要用于构词，同声母的两个词素构成一个词，而且这两个词素是不可分割的。

③应用范围不同。相对而言，英语头韵的应用的范围比汉语的双声要广泛。

第一，可应用于诗歌。英语诗歌中常用头韵修辞来增强语言的感染力和表现力。例如：

Therefore feed, and clothe, and save, From the cradle to the grave, Those ungrateful drones who would Drain your sweat—nay, drink your blood?

（Shelley: Song to the Men of England）

凭什么，要从摇篮直到坟墓，用衣食去供养，用生命去保卫那一群忘恩负义的寄生虫类，他们在榨你们的汗，喝你们的血？

这是雪莱在《致英国人的歌》中的一节诗。诗中 drones, drain 和 drink 这三个紧密联系的词均以爆破音 /dr/ 开头，从而加强了气势，产生一种非常好的听觉和视觉效果。

汉语古诗中也经常使用双声。例如：
众芳播落独喧妍，占尽风情向小园。
疏影横斜水清浅，暗香浮动月黄昏。

（林和靖《山园小梅》）

上面节选诗句被称为千古咏梅之绝唱。百花凋零，只有梅花傲寒盛开，这明媚艳丽的景色把小园的风光占尽。梅花稀疏的影子横斜在清浅的水中，清幽的芬芳浮动在黄昏的月光之下。这里双声词汇"清浅""黄昏"的使用可谓是锦上添花，将梅花优美曼妙的韵致表现了出来。

第二，可应用于习语或谚语、成对词或成语。习语或谚语往往言简义丰、明快活泼。加之头韵、双声的使用，使得习语或谚语音调和谐，读起来朗朗上口。例如：

Many a little makes a miracle.
积少成多。

The spirit is willing but the flesh is weak.
心有余而力不足。

英语中的一些熟语也使用了头韵。例如，as busy as a bee，as hungry as ahaw，as proudasapeacock，as slow as a snail 等。

此外，英语中也有很多使用头韵的成对词。例如，bread and butter，first and foremost，hide and hair，might and main，peak and pine，rough and rumble，stresses and strains，twists and turns，watch and ward 等。再如，英语中的一些缩合形式的成对词：drip-drop，jingle-jangle，tittle-tattle，wig-wag 等。

汉语中的谚语也常见双声的使用。例如：草遮不住鹰眼，水遮不住鱼眼。不下水，一辈子不会游泳；不扬帆，一辈子不会撑船。

上述谚语中的"鹰眼""鱼眼""游泳""撑船"属于双声。

双声在汉语的成语中也比较多，常以四字结构的形式出现，主要分为以下四种情况。

A. 声母相同。例如，名满天下、仁人志士、真知灼见等。
B. 首重叠式。例如，侃侃而谈、栩栩如生、滔滔不绝等。
C. 尾重叠式。例如，忧心忡忡、虎视眈眈、千里迢迢等。
D. 首尾都重叠式。例如，兢兢业业、沸沸扬扬、轰轰烈烈等。

需要注意的是，类似于这种四字格的"双声"成语韵律对称，它们既属于双声又属于叠词。

第三，可应用于演说等正式文体。英语中的头韵被广泛用于演说辞中。在演说辞中使用头韵能够增强语言的表现力和号召力，容易引起人们的共鸣。例如：

Time and again these men and women struggled and sacrificed and worked till their hands were raw so that we might live a better life.

日复一日这些男男女女艰苦奋斗、流血牺牲、辛勤劳作，直到双手皮开肉绽，为的就是我们今天能过上更好的生活。

上面句中使用了两组头韵：struggled 与 sacrificed，live 与 life。前一组头韵的使用将前辈们浴血奋斗的情景生动地刻画了出来，后一组头韵的使用则引发了人们对生活的珍惜。再如：此外，英语的一些散文、政论等文体中头韵修辞也比较常见。例如：

I love my love with all E, because she's enticing. I hate her with an E, because she's engaged. Her name's Emily and she lives in the East.

我爱我的心上人，因为她那样叫人人迷；我恨我的心上人，因为她已订婚，将作他人妻。她的名字叫埃米莉，她的家就在东城里。我爱我的心上人啊，一切都因为这个 E！

相对而言，现代汉语中，无论是演说辞、散文还是政论体，双声的使用都不多见。

第四，可应用于书名和文章标题。书名或文章标题一般以简洁、精悍著称，因而适当使用一些修辞手法不仅能够增强渲染力，还能吸引读者的注意力。英语头韵的这一用法是汉语双声所不及的。

The Great Gatsby《了不起的盖茨比》

此外，头韵也普遍用于广告语中，以增强语言的说服力，给顾客留下深刻印象。例如：

A soap so special, it's made for your face being a smooth silky skin.

上面这则广告中头韵 soap so special, smooth silky skin 的使用突出了产品的非凡功效，起到了很好的说服作用。

2. 英汉尾韵修辞对比

英语中的尾韵与汉语中的叠韵存在诸多相似之处，因而这里主要从二者的定义与分类两个角度对其进行比较研究。

（1）英语尾韵

英语中对于尾韵（end rhyme）的说法不一。简言之，尾韵指的是语句的元音以及元音前面的辅音押韵，且元音前面的辅音不押韵的一种修辞形式。例如：

It's pay day today.

该例句中 pay, day, today 三个单词的元音 /e/ 以及其后的辅音 /i/ 押韵，而三个单词前面的辅音 /p/, /t/, /d/ 则不押韵，这便是典型的尾韵修辞。

根据音节的数量可以将英语尾韵可分为单音节尾韵（single rhyme）、双音节尾韵（double rhyme）和三重音节尾韵（triple rhyme）三类。

第一类，单音节尾韵。单音节尾韵又可称为"阳韵"，它指的是在诗行结尾处重读单音节之间出现的押韵。例如：

Above yon gleaming skies of gold

One lone imperial peak is seen；

While gathered at his feet in green

Ten thousand foresters are told.

And all so still！ So still the air

That duty drops the web of care.

(Joaquin Miller: By the Pacific Ocean)

上面诗节选自米勒的《在太平洋之滨》。诗节中的第一、四行押尾韵，第二、三行押尾韵，第五、六行押尾韵。这些尾韵都出现在重读单音节上。

有一点需要注意的是，虽然单音节押韵只要求一个音节押韵，但并说明押韵的单词就是一个单音节词。

第二类，双音节尾韵。双音节尾韵可称为"阴韵"，其基本特征是行尾单词最后两个音节押韵，其中倒数第二个音节是重读音节，而最后一个音节是非重读音节。例如：

The cock is crowing,

The stream is flowing,

The small birds twitter,

The lake doth glitter.

(William Wordsworth: Written in March at Brother's Water)

上面诗节选自华兹华斯的《写于三月》。诗节行尾的 crowing/lowing，titet/giter 相互押尾韵，这两组押韵都是由双音节单词构成，每个单词的第一个音节为重读音节，第二个音节为非重读音节。

双音节尾韵的单词也可以是多音节单词，但是其押韵的音节只能是两个，而且是多音节中最后两个音节，而且必须是重读音节加非重读音节的结构形式。

第三类，三重音节尾韵。三重音节尾韵是在双韵的基础上增加了一个音节，也可以将其看作双韵的变体。实际上，英语中符合三重尾韵规则的单词并不多，所以三重尾韵可以由两个以上的英语单词构成，即几个单音节单词同一个多音节单词押韵或几个单音节单词押韵。例如：

I don't choose to say much upon this head,

I'm a plain man, and in a single station,

But-oh! Ye lords of ladies intellectual,

Inform us truly, have they not hen-peck'd you all?

(Byron: Don Juan)

上面的诗节选自拜伦的《唐璜》。诗节第三行的多音节单词 intellectual 的后三个音节 leetual 与最后一行的 peck'd you all 押尾韵。

（2）汉语叠韵

汉语叠韵与英语的尾韵有异曲同工之妙，因此本节中将其与英语的尾韵进行对比。

汉语中的叠韵是指紧密相连的两个字的韵部相同。所谓的韵部相同是指韵腹韵尾相同，韵头则可以暂且不论，如"怂（song）恿（yong）"一词的韵相同，都为ong[ong]。

汉语叠韵按照其构成形式的不同可以分为以下三类。

第一类，叠韵合成词。如果一个合成词就相同的韵母，那么其就可以称为"叠韵合成词"。例如，"惨淡""山川"等。

第二类，叠韵联绵词。叠韵联绵词指的是不可分割的一个完整的双音节词。例如，"斑斓""伶俜"等。

第三类，其他叠韵词。在中国的古诗文以及一些习语中常会掺杂着一些叠韵词。例如，"看万山红遍"中的"万山"以及"不费吹灰之力"中的"吹灰"等。

（3）英语尾韵和汉语叠韵对比分析

对于英语尾韵和汉语叠韵的相同之处和不同之处，主要体现在其用法方面。

①与汉语的叠韵相比较而言，英语的尾韵适用范围更广泛一些，其在诗歌、谚语等中的使用都很频繁。

第一，可用于诗歌中。例如：

With his three hundred waging

the battle long he stood,

And like a lion raging,

Expires in sea of blood.

（George Gordon Byron）

他像一头怒吼的雄狮

守护在关口，

同三百勇士浴杀疆场。

在血海中全部壮烈阵亡。

该诗歌中的waging和raging以及stood和blood都押尾韵，其诗歌读起来富有节奏感和音韵美。

第二，可用于谚语。例如：

He laughs best who laughs last.

笑到最后的人笑得最好。

该例句中的 best 和 last 构成了尾韵修辞,两者形成鲜明的对比。

其三,还可用于其他文体。除了诗歌和谚语之外,英语中的尾韵修辞还适用于一些其他的文体中。例如:

Success in any scientific career required capacity, industry and energy.

任何科技领域的成功都需要能力、努力和精力。

上例中的 capacity, industry, energy 押尾韵,增强语句的气势,读起来朗朗上口。

②英语尾韵和汉语叠韵的不同之处还表现在使用形式上。英语尾韵多单独使用,而汉语的叠韵除单独使用外,还常与其他的修辞一起使用,特别是双声等。例如:

The most important lesson of all is that political will matters even more than military skill.

最主要的教训是政治家的意志要比军事家的技巧更加重要。

will 和 skill 构成了英语的尾韵修辞,该例句中只是使用了尾韵修辞,没有与其他修辞一起使用。

风尘荏苒音书绝,关塞萧条行路难。

(杜甫《宿府》)

该诗句中的前半句中的"荏苒"为双声,而第二小句中的"萧条"则为汉语的叠韵词。在该诗句中将双声与叠韵结合使用,更加能够表现凄清婉转的韵律。

我歌月徘徊,我舞影凌乱。

(李白《月下独酌》)

该例句中的"徘徊"为汉语的叠韵词,而"凌乱"则为汉语的双声词,这两个词的使用增强诗句的音韵美,更加强烈地表现出了诗人当时内心的孤独感。

第二节　修辞文化英汉翻译

通过对上述英汉修辞文化进行对比,不难发现,英汉修辞尽管有相似之处,但每种修辞都有其固有的特点,因而在对英汉修辞文化进行翻译时,也应在忠实原内容的基础上,根据具体要翻译的文本采取灵活多样的翻译方法。

一、直译法

（一）拟人修辞的直译

在拟人修辞中运用直译法可以最大限度地保留拟人的生动性和形象性。例如：

Autumn sunsets have come to me at the bend of a road in the lovely waste, like a bride raising her veil to accept her lover.

秋天的夕阳，在荒原上的大路转角处迎接我，如新娘掀起她的面纱迎接她的爱人。

此例中作者通过拟人手法，把 autumnsunset 比作 bride，通过 come, raise, accept 一系列动词的修饰，将秋日夕阳的美丽、迷人、含蓄表现得淋漓尽致。

（二）排比修辞的直译

对于排比的翻译，大多数情况下可以直译。对排比进行直译，不仅可以保留原文的声音美和形式美，还可以再现原文的强调效果，同时也与汉语排比的特点相符合。例如：

Doubt thou the stars are fire;

Doubt that the sun doth move;

Doubt truth to be a liar;

But never doubt I love.

你可以疑心星星是火把；你可以疑心太阳会转移；你可以疑心真理是谎话；可是我的爱永没有改变。

（三）仿拟修辞的直译

由于仿拟的对象大多是广为人知的，因而仿拟修辞在形和义这两大方面通常都能在目的语中找到与之对应的表述。这就使很多仿拟修辞可以采取仿本体直译的方法进行处理。例如：

Wine was thicker than blood to the Mondavi brothers, who feuded bitterly over control of the family business, Charles Krug Winery.

（National Geographic）

对于蒙特维兄弟来说，酒浓于血，他们为了争夺查尔斯·库勒格酒厂这份家业，而斗得不可开交。

本例中的 "Wine was thieker than blood." 仿自一句英语谚语 "Blood is thicker than water." 译文仿照这句言语的翻译结果—血浓于水，来翻译原文中的仿句，完整传递了原文的含义。

二、意译法

（一）拟人修辞的意译

中西方语言文化之间的差异性对英汉语言的表达有着重要影响。这些表达的差异性导致一些表达不能采用直译法进行翻译，需要进行意译。例如：

Sickness kept him in the room.

他因病被关在屋子里。

Rome witnessed great historical events.

在罗马发生过许多重大历史事件。

上面的两个例句中的 sickness 和 Rome 都被拟人化了，但在翻译时没有将他们的拟人形式翻译出，而是采用意译法进行直接翻译。

（二）类比修辞的意译

由于英汉语言结构的差异，英汉类比修辞有时无法用直译法进行翻译，可以采用意译法进行处理。例如：

For answers successfully arrived at are solutions to difficulties previously discussed. And one cannot untie a knot if he is ignorant of it.

（Aristotle）

答案可以从前面的讨论中得到，一个无知的人怎能解开知识之结呢？

此例中亚里士多德将"答案"与"结"类比，前后两句彼此对照，使表意更加深刻。

（三）仿拟修辞的意译

当直译效果不好时，就要摆脱原文修辞形式的束缚，根据目的语的表达习惯进行意译，保证译文能够忠实、完整地传递原文含义。例如：

He intended to take an opportunity this afternoon of speaking to Irene. A word in time saves nine.

（John Galsworthy）

译文一：他打算今天下午找个机会和艾琳谈谈。一句话说在点子上，以后就可以一句话顶九句。

译文二：他打算今天下午找个机会和艾琳谈谈。一句话说在点子上，以后就可以省去很多麻烦。

本例中的 A word in time saves nine 仿自英语谚语 Astitchintime saves nine. 对比采用直译的译文一和采用意译的译文二可以发现，译文一显然没有译文二读起来更加顺畅自然。再如：

宝玉便问："你叫什么名字？"那丫头便说："叫蕙香。"宝玉便问："是谁起的？"蕙香道"我原叫芸香的，是花大姐姐改了蕙香。"宝玉道："正经该叫'晦气'罢了，什么呢！"

（曹雪芹《红楼梦》）

"Isn't your name 'Nella' something or other？"

"Citronella."

"Citronella？ Who on earth gave you that name？"

"Aroma, sir. My real name is 'Soldanella', but Miss Aroma altered it to 'Citronella'."

"I don't know why she didn't call you 'Citrie Acid' and have done with it" said Bao-yu.

（Hawks 译）

霍克斯对原文中的人名采取意译+音译法进行翻译，虽然无法体现原文中的修辞效果，但译文中的音韵之美却也极大地弥补了这个不足。

三、对应译法

（一）头韵修辞的对应译

对应翻译法指的是在汉语中有与英语相对应的双声词，此时将其译为汉语的双声。汉语的双声也可以直接译为英语头韵，但是通常这种情况比较少见。例如：

Magnetic, Magnificent Meryl.

美貌动人、美名高筑的美瑞尔！

上面原文中 Magnetie, Magnificent, Meryl 三个词构成头韵，在翻译过程中，译者将前两个词分别对应译为汉语双声词"美貌""美名"，而 Meryl 一词则采用了音译法，译为"美瑞尔"，使得译文读起来音韵和谐，朗朗上口，再现了原文的音韵美。再如：

松林中射来零乱的风灯，都成了满天星宿。

Lights from hurricane lamps flickering about in the pine forest created the scene of a star-studded sky.

上面汉语原句中的"零乱"和"星宿"是双声词，在翻译中，译者将"星宿"译为英语的头韵 star-studded 和 sky，而将"零乱的风灯"这一描述用头韵 Lights 和 lamps 表现了出来，从而成功地再现了原文双声产生的音韵效果。

（二）尾韵修辞的对应译

英语中的尾韵与汉语中的叠韵只有在少数情况下可以实现对应翻译，在一些谚语、习语、诗歌中的少数尾韵修辞可以译为汉语的叠韵词。例如：

No money, no honey.

少了金钱，缺了蜜甜。

上面原句中的 money 与 honey 押尾韵 /ni/，在翻译过程中，译者使用了汉语中的"钱"与"甜"形成叠韵，并且采用了汉语的并列结构进行翻译，既再现了原文的音韵美，又体现了原文的形式美。

（三）双关修辞的对应译

如果英语中的多义词能够在汉语中找到对应词汇，即可采取对应译的方法保留原文的双关来翻译。例如：

She's the nimblest girl around. Nimble is the way she goes. Nimble is the bread she eats, light, delicious, Nimble.

她是附近最敏捷的女孩，敏捷是她的举止特点。"敏捷"是她食用的面包——松软味美的"敏捷"。

本例是一则面包广告。nimble 本义是"敏捷的"，这里还有另外一个含义：面包的商标名称。译文将面包名称翻译成"敏捷"正是利用谐音传递了原文的双关修辞效果，做到了忠实原文。

四、修辞的其他翻译处理

（一）拟声修辞的音译

由于英汉拟声存在一定的相似性，因此英语中的一些拟声修辞可以直接采用音译法进行翻译，音译法最大限度地保留了原文的音韵美。例如：

All was quiet and still except for the distant tinkling of a piano.

除了远处一架钢琴的叮当叮当声外，万籁俱静。

The rain fell pitter-patter on the window.

雨噼啪噼啪地打在窗户上。

由于英汉语言的差异性，使得两种语言中对于同一种声音的模拟存在一定的差异性。在音译法中有时会出现英语的拟声词和汉语中的拟声词不完全对应的情况，此时在保留原文拟声的基础上将其翻译为符合汉语表达习惯的拟声的词。

（二）头韵修辞的转译

英语中的一些头韵的美感是无法用汉语表现出来的，这时只能采用转译法将其意境传达出来。译者在翻译时，可以采用汉语的叠字、双声、拟声、押韵、比喻等修辞手法对源语进行翻译。例如：

Out of the bosom of the air,

Out of the cloud-folds of her garments shaken,

Over the woodlands brown and bare,

Over the harvest-fields forsaken,

Silent, and soft, and slow

Descends the snow.

（H.W.Long Fellow：Snowflakes）

从天宇深处，

从飘动着她的长袍的云层里，

漫过光秃秃的褐色林木，

漫过收获后废弃的田地，

悄悄，轻轻，缓缓，

飘下雪花一片。

上面英语原诗中使用了头韵 silent，soft，slow 来描绘大地沉寂、雪花轻飘的景象。为了再现这一表现效果，译者在翻译中将原诗中的头韵分别转译为汉语的叠词"悄悄""轻轻""缓缓"，节奏舒缓，较好地传递了原诗的修辞效果。

（三）尾韵修辞的转译

转换译法就是将英语的尾韵修辞译为汉语中的其他修辞格形式。英语尾韵修辞常被译为汉语的对比和结构。例如：

April showers bring May flowers.

四月骤雨，五月鲜花。

上面原句中的 showers 与 flowers 押尾韵。在翻译过程中，译者采用汉语的并列结构来代替原句中的尾韵修辞，这种形式对称之美一定程度上弥补了音韵美的缺失。

Friends may meet, but mountains never greet.

山与山不相会，人与人总相逢。

上面原句中的 meet 与 greet 押尾韵 /iː/，虽然译文并不押韵，但通过"山"与"人"的重叠，以及整个句式的对比，都巧妙再现了原文的音韵美。

（四）拟人修辞的归化翻译

归化法翻译在拟人修辞中比较常见，尤其是把运用于人的称谓用于"物"，并用人称代词"他""她"来指代"它"。例如：

I ran across a dim photograph of him the other day, going through some old things. He's been dead twenty-five years. His name was Rex and he was a bull-terrier.

前几天，我偶然发现他的那张已变得模糊不清的照片，不由回忆起了往事：他已死了25年了，他叫雷·斯……他是一只猎犬。

此例用体现阳性的代词 he，表示一只猎犬。将猎犬拟人化，对他赋予感情。在拟人修辞中 she 常用来指代优美柔和的事物，如 moon, nature peace, truth, spring, pity, night, country, earth etc. he 常用来指代强有力的、伟大的或恐怖的事物，如 ocean, mountain, Sun, God, war, tiger, horse, thunder, anger, etc. 译者采用归化的方法译出了他对爱犬的回忆和亲昵。

第九章　习语文化对比与英汉翻译

习语是语言的浓缩与精华，是语言使用者在长期的使用中不断提炼而形成的固定词组和短语。习语形式简洁、意义精辟，而且蕴含着浓厚的民族文化特色，包括成语、谚语、歇后语等。习语在语言中有着重要的地位，其翻译也早就引起了翻译界的重视，准确、恰当地对习语进行翻译，对于促进不同民族间的文化交流具有重要意义。

第一节　习语文化对比

由于习语有着显著的民族性特点，因此英汉民族语言中的习语也就存在一定的差异，本节就对英汉习语文化进行对比研究。

一、什么是习语

在对英汉习语文化进行对比分析之前，先来了解一下什么是习语。"习语"在英语中的表达是 idiom。idiom 一词源于希腊文 idioma 和 idiomatikos，原指"特殊"或"特殊的"。关于习语的概念，学界给出了不同的解释和看法。以下就对其中的几种观点进行说明。

《新牛津双解大辞典》（2007）认为，idiom 可以被翻译成"成语"，指的是"整体意义不能从组成词的个体义推理出的定型词组"（a group of words established by usage as having a meaning not deducible from those of the individual words）。

《韦氏新二十世纪字典》（Webster's New Twentieth Century Dictionary）中对 idiom 的第一解释是："The language or dialect of a people, region, class, ect."（一个民族、地域、阶级等的语言或方言）。所以说，习语是其文化、地域时代、思

想背景及方式等的一种特殊语言表达法。

赛德尔（Seidel）在《英语习语及其应用》一书中对习语的界定是："习语是数个词组合在一起时，产生了某种不同于词独立使用时的意义。多数组合方式很怪异，不符合逻辑，语法甚至是错的，这是一些习语的特别之处；另一些习语在语法和词汇方面则完全符合规则，符合逻辑。"

平洪、张国扬认为："习语包括比喻性词组、俚语、俗语、谚语等，是语言词汇的重要组成部分，是语言的民族形式和各种修辞手段的集中表现，是语言中的某些部分经过长期反复使用后自然沉积形成的形式固定、简洁明快、寓意深刻的短语或短句。"

我国学者李建军指出："习语，顾名思义，就是习惯使用而形成的固定语言形式，是人们通过对社会现象和生活经验的总结而形成的，经久流传下来的固定表达形式。"

由上述定义可以看出，中西对习语的解释不尽相同，但都说明了习语的本质。总结而言，习语就是语言中经各个民族长期使用而形成的习惯表达法。习语多短小精悍、形象生动、富有哲理，承载着各民族丰富的传统和文化内涵。恰当地使用习语可以有效增强语言的色彩，增加语言的美感，使语言更加有理有据、幽默诙谐，并能使人产生丰富的联想。针对习语的特点与功能，张培基先生进行了十分到位的总结："习语大都是一种富于形象色彩的语言手段，最适宜用来比喻别的事物。习语有的意思明显；有的富于含蓄，意在言外，可引起丰富的联想；有的可能包含几个意思，要从上下文的具体情况中确定它的意思……"

为了说明一件事或比喻一种形象，往往要用一大堆词汇来做抽象的说明或描绘，但如果恰如其分地用上一两句习语，就能深入浅出，画龙点睛，寥寥数字就把意义神情传达无余，使人听了感觉透辟精当，并且得到更深刻的印象。

二、英汉习语特点对比

就特点而言，英汉习语表现出很大的相似性。总体而言，英汉习语的特点表现为以下几个方面。

（一）民族性

不同的民族生存在不同的地理环境中，有着不同的历史文化背景和思维模式等，这些因素都对习语的形成与运用产生了一定的影响。习语也犹如一面镜子，清晰地映射着一个民族的文化。

习语的民族在习语的来源上有着显著的体现。在英国近千年的历史进程中，从古代英语到现代英语，既传承了古代英语，又吸收了一些外来语，所以在英语中，较古老的习语多源于伊索寓言、希腊神话、罗马神话或圣经故事，还有一些习语来自一些文学作品，或者20世纪中叶发生的历史事件。例如，the touch of Midas（点金术）源自希腊神话，Dunkirk evacuation（敦刻尔克撤退）源自第二次世界大战。而中国历史悠久，习语大多来自历史文献、语言故事、神话传说、历史事件等。例如，"刻舟求剑"源自《吕氏春秋·察今》，"价值连城""四面楚歌"等源自历史事件。

可以看出，习语有着深深的民族烙印，如果脱离民族历史，将难以理解习语的本质含义。

此外，习语的民族性还表现为在表达同一种意义时，不同的民族会使用不同的表达方式。例如，汉语中的"无立锥之地"，英语则是 no room to swing a cat in；汉语中的"袖手旁观"，英语则是 look on with one's folded arms；汉语中的"一箭双雕"，英语则是 a stone kills two birds。

（二）整体性

习语具有整体性特征，这里的整体性指的是习语语义的整体性，即习语的意义并不是各个组成单词的简单相加，而是具有新的意义。人们必须将习语看作一个整体来理解，如果将组成习语的各个词拆开，尽管每个单词的意思都能理解，但是却很难理解整个习语的含义。例如，习语 to lose one's head 的字面意思是"失去了头"，但其比喻意义却是"不知所措"；to show the white feather 这一习语如果从字面意思来看，其意思是"显示白色的羽毛"，但实际上其表达的含义是"表露胆怯"。因此，对习语的理解要注意意义的整体性，切忌望文生义。

（三）固定性

习语是语言中不规则的、独立的语言因素，其形式与意义是相对固定的，不能任意改变，所以习语具有很明显的固定性特征。例如：

to be at liberty 不能改为 to be at freedom.

to cry one's eyes out 不能改为 to cry one's teeth out.

like father, like son. 不能改为 like mother, like daughter.

"南辕北辙"不可改为"东辕西辙"；

"雪中送炭"不能改为"雪中送煤"；

"破釜沉舟"不能改为"破船沉舟"。

（四）地域性

受生存环境的影响，不同民族的人们在表达相同语义时，所采用的比喻形式也会有所不同。也就是说，在一个地域里采用某种形式来表达的习语，在另一种语言中可能会采用更为熟悉或者惯用的其他事物来表达相同的含义。例如，汉语中"雨后春笋"这一成语在英语中的惯用表达却是 like mushrooms，这是因为英语中并没有"竹子"这种事物。再如，英语中的 as red as a rose，在汉语中则习惯表达为"火红"或"艳若桃李"。需要说明的是，有的习语英汉语言采用的比喻形式有所不同，但表达的意思是一致的。

（五）修辞性

习语的使用可以使语言达到某种修辞效果，这就是习语的修辞性。习语的修辞性主要包含两个方面：一是习语本身是修辞手段的运用和体现；二是习语被当作修辞手段来运用，以达到增加语言效果的目的，使语言更加生动形象、精炼简洁。

（1）习语本身是修辞手段的运用和体现。习语本身就具有形象生动、活泼通俗的特点，将习语运用到语言中，可使语言更具魅力。例如：

鬼头鬼脑（利用重复）

起早不慌，种早不忙。（利用韵脚）

铜墙铁壁（利用对仗）

on and on（利用重复）

as red as a rose（利用头韵）

by hook or by crook（利用双声与尾韵）

Many men, many minds.（利用双声）

More haste, less speed.（利用对仗）

（2）习语本身可被当作修辞手段来运用。习语极富表现力，而且言简义丰，将习语当作一种修辞手段，可有效增添语言的色彩与活力。例如：

The pot calls the kettle black.

译文一：锅说水壶黑。

译文二：乌龟莫笑鳖，都在泥里歇。

When the cat is away, the mice will play.

译文一：猫儿不在，老鼠玩耍。

译文二：山上无老虎，猴子称霸王。

三、英汉习语分类对比

就习语的分类而言，习语可分为成语、谚语、格言、俗语、俚语等，汉语中还包括歇后语。通常，英语中习语的分类是泾渭分明的，成语、谚语俗语、俚语之间在概念上基本是不发生交叉的，而汉语中习语的分类是比较模糊的，不少成语本身就是谚语、格言或者俗语。

（一）成语

黄伯荣与廖旭东认为，成语是"一种相沿习用的具有书面色彩的固定短语"。《现代汉语词典》（英汉双语版）（2002）对成语（Set Phrases）的解释是"人们长期以来习用的、简洁精辟的定型词组或短语。"成语在习语中所占的比重最大。成语中，有很多是采用了只表达的方式，通过字面就可以了解其表达的含义；但也有相当多数量的成语表达的却是言外之意。就结构而言，英语结构较为随意，以动词短语居多，而汉语成语结构十分紧凑、规则，以四字成语居多。

1. 英语成语

英语成语主要由各种短语构成，以动词短语居多，它们结构灵活、形式多样，而且长短不一。下面就来了解一下由不同短语构成的英语成语。

名词短语：

mud and mire 泥泞不堪

the bee's knees 出类拔萃者

动词短语：

look out 当心

get the hang of 熟悉，得知

float on air 欢天喜地；得意扬扬

get back on the rails 东山再起

形容词短语：

cool and calm 镇静自若　　free and easy 悠闲，自由自在

fair and square 光明正大

副词短语：

first and foremost 首要的是　　not anywhere near 远非，决不

up in the air 悬而未决

介词短语：

by fair means or foul 不择手段　　in the last resort 作为最后一招

not for love nor for money 决不，无论怎样也不

out of place 不得体

2. 汉语成语

汉语成语主要由四字结构构成，而且结构公正、音律和谐、寓意丰富。汉语中还有"非四字成语"，字数上从三字到十字不等，结构上既不像词组，也不像语句，因此可将它们称之为短语。

（1）四字成语。四字成语可从两个方面进行区分，一种是直述而没有隐喻意义的成语，也就是从字面就能了解其含义的成语；一种是暗指有隐喻意义的成语。

直述而没有隐喻意义的成语：

气势汹汹　　　　　息息相关　　　　　好高骛远

暗指有隐喻意义的成语：

冰清玉洁　　　　　花街柳巷　　　　　李代桃僵

（2）非四字成语。非四字成语主要包含以下几种形式。

三字短语：

耳边风　　　　　　马后炮　　　　　　一言堂

五字短语：

更上一层楼　　　　唯马首是瞻

六字短语：

可望而不可即　　　反其道而行之

无所不用其极

七字短语：

心有灵犀一点通　　心有余而力不足

八字短语：知其不可为而为之

九字短语：不以规矩不能成方圆

十字短语：知其然而不知其所以然

（二）谚语

《辞海》指出："谚语是民间文学的一种形式，而民间文学是群众集体口头创作，口头流传，并不断集体修改、加工的文学。"谚语用词讲究，结构工整，而且能反映出深刻的道理。

1. 英语谚语

英语谚语句式结构完整,而且寓意深刻,能给人以深刻的启迪。例如:

The pot calls the kettle black. 乌鸦笑猪黑。

As you make your bed, so you must lie in it. 自作自受。

2. 汉语谚语

汉语谚语形式多样,多为五至七字组成的单句和三至七言的对句。

例如:

四字成语:

狡兔三窟　　　　　　居安思危

五字单句:

无风不起浪　　　　　民以食为天

六字单句:

求人不如求己　　　　远亲不如近邻

七字单句:

功夫不负苦心人　　　一寸光阴一寸金

八字单句:

巧妇难为无米之炊　　燕雀安知鸿鹄之志

九字单句:

不以规矩不能成方圆　跑得了和尚跑不了庙

十字单句:

有所不为而后可以有为

三言对句:

吃一堑,长一智。　　玉不琢,不成器。

五言对句:

好事不出门,坏事传千里。

七言对句:

画虎画皮难画骨,知人知面不知心。

不规则对句:

道不同,不相为谋。

(三)格言

格言指的是可以作为行为准则的语句。格言形式凝练、言简意赅,具有明显的警醒和教育意义。例如：

Silence is golden. 沉默是金。

The less said the better. 少说为妙。

言必信，行必果。（《论语·子路》）

己所不欲，勿施于人。（《论语·颜渊》）

（四）俗语

俗语是由人们经过长期劳作创造出来的，能够反映人们生活经验的定型语句。就概念而言，俗语与谚语很相似，但两者并不等同。首先，两者寓意深度不同，相较于谚语，俗语的寓意浅薄很多，有的甚至没有寓意；其次，两者语体不同，谚语虽然多为口语体，但语气略显正式，用词也比较文雅，俗语则是纯口语体，而且用词通俗。

1. 英语俗语

英语俗语多由词组和短语组成，也有少数完整的语句。例如：

hot hair 毫无根据的谎言大话

all my eye 瞎说，胡说八道

Practice makes perfect. 熟能生巧。

He who plays with fire gets burned. 玩火者必自焚。

2. 汉语俗语

汉语中很多的成语本身就是俗语，如三字成语几乎都是由俗语演变而来的。汉语中的俗语多由三至八字的短语或对句构成。例如：

自作孽

拿手好戏

小巫见大巫

三寸不烂之舌

不到黄河不死心

无面目见江东父老

搬起石头砸自己的脚

（五）俚语

俚语（Slang）是指那些较为粗俗、难登大雅之堂，甚至没有礼貌的定型用语。英语和汉语中都有大量的俚语。

1. 英语俚语

英语俚语主要由两部分构成，一是通俗俚语，二是粗俗俚语。

通俗俚语：

cop（=policeman）警察（戏谑口吻）

2. 汉语俚语

汉语俚语指的是各种广泛流传的方言词。

方言或流行用语：

旮旯儿——角落

拉呱——闲谈，聊天

（六）歇后语

歇后语是汉语中独有的习语，具有很强的民族性，歇后语主要由两部分构成，通常只说前一部分，而本意在后一部分，前一部分常用具体浅显的比喻来说明后一部分抽象的道理。例如：

棒打鸭子——呱呱叫

瘸子担水——得一步步来

画龙点睛——恰到好处

四、英汉习语渊源对比

（一）源自地理环境

英汉民族生存的客观地理环境不同，气候相异，所以就形成了不同的生存方式，进而产生了不同的物质文化，同时衍生出行为方式、思维模式、信仰、价值观念的差异，最终形成不同的精神文化。习语是语言的精华，是文化的重要组成部分，因此必然也反映着当地的自然风貌和生活方式。

英国位于欧洲西部的不列颠岛上，多面环海，英国人常年以捕鱼为生，而且喜欢航海，并一度创造出了"海的文化"。所以，在英语习语中有很多和海有关的习语。例如，英国人常用鱼来比喻人：cool fish（厚脸皮的人），loose fish（放荡的家伙），cold fish（冷漠的人）。

英国航海业十分发达，所以英语中有大量的习语与航海有关。例如：

all at sea 不知所措

a drop in the ocean 沧海一粟

此外，英语中的很多习语都与捕鱼和海洋动物有关。例如：

walk the plank 被解雇，被迫辞职

miss the boat 错过机会

fish in the troubled waters 浑水摸鱼

as close as an oyster 守口如瓶

fish in the air 缘木求鱼

中国地处亚洲东部，西高东低，大部分领土为山地、高山和丘陵，平原和盆地则较少。且中国为半封闭的地形，对于中国人来讲海只意味着陆地的尽头，常给人一种神秘莫测的敬畏之感。所以，在汉语中，与海有关的习语多为："海角天涯""海枯石烂""海誓山盟""海市蜃楼""沧海一粟"等。

此外，中国土地广袤，自古以农业为生，土地对于人们的生活来讲至关重要，所以汉语中有许多与土地和农耕有关的习语，如"挥金如土""解甲归田"等。

（二）源自历史事件

在英汉民族历史漫长的发展过程中，许多的历史典故被后人用简洁的说法表达出来，经久沿用就成了习语。

英语中有很多习语都源自历史事件。例如，burn one's boats（破釜沉舟）这一习语源自历史事件，古罗马的朱力斯·恺撒大军乘船越过 Rubicon 后便把船烧了，以此向士兵表明后路已断，不可能后退。现用来比喻"下定决心干到底"。再如：

the fifith column 第五纵队

汉语中的很多习语也都源自历史进程中所发生的重大事件。例如，"完璧归赵""指鹿为马""四面楚歌"等。

（三）源自文学典故

文学是形象地反映生活、抒发情感与思想的一门语言艺术，是民族文化的重要组成部分，是民族语言的精华。所以，文学著作和典籍是习语的主要渊源之一。相比较而言，英语习语主要源自戏剧和小说，汉语习语则主要源自文化典籍和诗词。

英语中很多习语都源自文学著作和典籍。英语中的 Friday（忠仆，得力助手），出自小说《鲁滨逊漂流记》，Friday 原本是个被其他部落俘虏的野人，被鲁滨逊救了出来。由于是星期五救的，于是起名叫 Friday。从此，Friday 就成了鲁滨逊的忠实的仆人。

汉语中的很多习语源自《诗经》《论语》《史记》等著作。其中，《诗经》有非常多的习语，并且被广为流传。例如，《风》中的"求之不得""辗转反侧"

等;《雅》中的"投桃报李""爱莫能助"等;《颂》中的"他山之石,可以攻玉""巧言如簧,颜之厚矣"等。《论语》是儒家经典著作,其文化价值极高,从中演化出来的习语也是极多。例如:

过犹不及:"子曰:'过犹不及。'"(《先进篇》)

四海之内皆兄弟:"四海之内皆兄弟——君子何患乎无兄弟也?"(《颜渊篇》)

(五)源自生活习俗

英汉语言中的很多习语都源自生活习俗。"民以食为天",因此这里就主要讨论汉英源自饮食的习语。

就饮食习俗而言,英美人多以肉、乳为主要食物,所以英语中有大量的关于 bread,milk,cheese,butter 的习语。例如:

earn one's bread 赚钱糊口

half a loaf is better than no bread 聊胜于无

中国讲究饮食,而且食材十分丰富,所以汉语中与食品有关的习语也就十分常见,如"老油条""香饽饽""一锅粥""掉馅饼""露馅儿""巧妇难为无米之炊""挂羊头,卖狗肉""萝卜白菜,各有所爱"等。

(六)源自行业用语

习语中的很大一部分来自人们从事的各个不同的行业,尤其是发展最早的农业、工业、商业等。

(1)源自农业的习语。例如:

live on the land 靠种田为生

make hay while the sun shines 抓紧有利时机

青黄不接

一年之计在于春

(2)源自工业的习语。例如:

A square peg in a round hole. 文不对题;不得其所。

Between the hammer and the anvil. 腹背受敌。

班门弄斧

得寸进尺

(3)源自商业的习语。例如:

talk shop 说行话

take stock 盘存；仔细检查

物以稀贵

富甲天下

（4）源自餐饮业的习语。例如：

have other fish to fry 有别的事要干

food for thought 值得深思的东西

添油加醋

山珍海味

（七）源自动物特征

一些动物与人类的生活密切相关，于是英语中出现了许多源于动物的习语。例如：

a bird of ill omen 不祥之兆

to drink like a fish 牛饮

汉语中源自动物特征的习语有很多。例如：

鼠目寸光

对牛弹琴

第二节　习语文化英汉翻译

由上述内容也可了解到，英汉习语既存在相同之处，也具有不同之处。这些都增加了习语翻译的难度，因此这就需要译者注意习语的寓意，了解英汉习语的异同，并采用相应的翻译方法对习语进行翻译，以准确还原习语的形式与意义。本节就对英汉习语文化的翻译展开具体说明。

一、直译

所谓直译，就是在不引起错误理解和联想的前提下，在符合译入语语言规范的基础上，保留原习语的形象、风格与民族色彩。由于英汉民族在感情、对客观事物的感受以及社会经历方面存在一定的相似之处，因此英汉两种语言中有一部分相同或近似的习语，这些习语的字面意义和形象意义相同或近似，隐含意义相同,在翻译这些习语时就可以采用直译法。

例如,在翻译 armed to the teeth 这一习语,人们一般不会译为汉语中意义相对的习语"全副武装",而是常译为"武装到牙齿",因为直译后的翻译相较于"全副武装"更加传神。再如:

a thorn in the flesh 眼中钉,肉中刺

Crocodile tears 鳄鱼的眼泪

kill two birds with one stone 一石二鸟

二、直译加注释

很多习语都蕴含着浓厚的民族文化色彩,而且具有典型性,采用直译法进行翻译虽然可以保留原文的形象,但却不利于读者理解,如果舍弃原文形象则会有损原文的文化色彩,此时就可以采用直译加注的方法,就是直接翻译出来,然后添加注释,进行说明。例如:

他是老九的弟弟——老十(实)

He's the younger brother of number 9, number 10.

注:"Number 10——老十(laoshi)" "in Chinese is homophonic with another Chinese word,老十(laoshi)which means honest."通过加注释,就可以表达出原文"老实"的含义,有助于读者更好地理解原文的意义

三、意译

当译入语中无法找到与源语中相对应的习语时,就要考虑采用意译法进行翻译。虽然意译法会有损原习语的形象,但是却能准确传达原习语的隐含意义。例如,apple of one's eye 这一习语如果进行直译,其含义是"人眼里的苹果",这样的翻译虽然还原了习语的形象,但却无法准确传达其内在含义,而采用意译法将其译为"掌上明珠",其含义就一目了然了。再如:

a lion in the way 拦路虎

born with a silver spoon 生长在富贵之家

cost an arm and a leg 非常昂贵

四、直译、意译相结合

直译、意译相结合就是将原文中通过直译可以明确传达其意义的部分直译出

来，而不便直译的部分则意译出来。例如，习语"A little pot is soon hot."可直译为"壶小易热"，很显然这并没有将原文的内在含义表达出来，此时可采用意译法，将"量小易怒"这一隐含的文化含义表达出来。这样翻译既保留了原文的形象，又传达了原文的含义，而且译文既形象生动，又符合译入语的表达习惯。再如：

Caution is the parent of safety. 谨慎为安全之本。

Let George do it. 让别人去干吧。

守株待兔 to wait for windfalls

视死如归 look on death without flinching

五、套译

英汉语言中有些习语不仅有着相同的字面含义，也有着相同或形似的形象和比喻意义，在翻译此类习语时就可以采用套译法，直接套用译入语中现成的习语。例如：

go through fire and water 赴汤蹈火

kill goose that lays golden eggs 杀鸡取卵

spend money like water 挥金如土

Better be the head of a donkey than the tail of a horse.

宁为鸡头，勿为凤尾。

第十章　典故文化对比与英汉翻译

典故具有丰富的内容和浓厚的民族色彩，是人们在认识世界的过程中形成的一种语言形式，与特定的历史文化语境紧密相关，体现了不同文化背景下人们的思想观念、价值取向、思维方式以及道德意识。英汉两个民族在历史、文化、风俗等方面存在一定的差异，英汉两种语言中的典故也具有不同的文化内涵。

第一节　典故文化对比

典故是文化和语言中重要的组成部分，它是民族文化的沉淀，承载着民族文化信息和民族文化特色。

一、英汉典故结构对比

从结构形式方面来看，英汉典故也存在着诸多不同，具体体现在以下几方面。

（一）英语典故的结构

英语典故往往具有灵活、自由的结构特点，句式可松可紧，可长可短，字数的伸缩范围极大，甚至有的典故只有一个词。例如：

Eden 伊甸园

Shylock 放高利贷者

有的典故则很长，可以是几个字、十几个字，甚至完整的语句。例如：

hair by hair you will pull out the horse's tail 矢志不移，定能成功

What one loses on the swings one gets back on the round abouts.

失之东隅，收之桑榆。

（二）汉语典故的结构

与英语典故相比，汉语典故具有结构紧凑、用词精简的特点。其表现形式主要有以下两种。

1. 四字结构。典故演变为成语时，多采用四字结构，这种结构的典故十分常见，如"掩耳盗铃""守株待兔""画蛇添足""百步穿杨"等。

2. 对偶性短句。这种形式的汉语典故虽然没有四字结构的多，但也较为常见，如"鹬蚌相争，渔翁得利""皮之不存，毛将焉附""庆父不死，鲁难未已"等。

除上述两种形式外，汉语中偶尔也有二字或三字组成的情况，字数较多或单独成句的情况比较少见，如"不到长城非好汉"等。

需要注意的是，汉语中有相当大一部分典故是名词性词组，它们在句子中可以作一定的语句成分。

二、英汉典故来源对比

英语与汉语中的很多脍炙人口的典故都源自神话传说、寓言故事、历史故事、文学作品以及风俗习惯等。此外，还有一部分英语典故来自影视作品、体育运动或社会生活。

（一）英语典故的来源

英语中的典故主要有下面几种来源。

1. 神话传说

英语中的很多典故都出自神话传说。例如，(the) wheel of fortune（命运之轮）就出自古罗马传说。命运之神福尔图娜（Fortuna）手中有一金轮，此轮旋转一下便可指示出一个人的运气，又由于此轮停止的方位不同所显示的人的命运就不同，因此此典故也指命运的变化。再如：Mercury fig 喻指"获得的第一批成果"。墨丘利（Mercury）是宙斯和迈亚（Maia）的儿子，他行走如飞，多才多艺。传说罗马人把无花果树上结出的第一批果实送给墨丘利，后来 Mercury fig（墨丘利的无花果）被用来比喻"获得的第一批成果"。

2. 寓言故事

寓言指用假托的故事或自然物的拟人手法来说明某个道理或教训的文学作品，有讽刺或劝诫的性质。寓言故事短小精悍，不仅具有浓郁深厚的历史文化色彩，而且具有深刻的寓意，耐人寻味，往往给人以重要的启发、教育意义。

英语中的很多典故都出自寓言故事。例如：

sour grapes（酸葡萄）喻指"假装瞧不起自己想得而得不到的东西";

a wolf in sheep's clothing（披着羊皮的狼）喻指"貌善心毒的人""口蜜腹剑的人"。

borrowed plumes（借来的羽毛）喻指"靠别人得来的声望";

don't count one's chickens before they are hatched（蛋尚未孵先数鸡）喻指"不要过早盲目乐观"。

3. 历史事件

英语中有很多来自欧洲众多国家的历史事件的历史典故。例如，Pyrhic victory（皮洛士的胜利）喻指得不偿失的胜利。这一典故来源于古希腊时期。伊比鲁斯（Epirus）的国王皮洛土（Pyrrhus）在公元前281年和279年两次率重兵渡海征战意大利，在付出了巨大的代价后取得了胜利。

gold rush（淘金热）喻指做某事的热潮。这一典故原意是指美国历史上西部淘金时期的高峰期。

fifth column（第五纵队）喻指渗透打入敌人内部，进行暗中破坏和里应外合的间谍或内奸。该典故源自西班牙内战，当时佛朗哥的莫拉将军声称，他有四支纵队从四面八方保卫马德里，而"第五纵队"则在城内与其策应。

4. 文学作品

英语中有相当一部分典故出自一些著名作家的作品。例如，Odyssey 喻指"磨难重重的旅程"或"艰难的历程"。英语中《奥德赛》（Odyssey）与《伊利亚特》（Iliad）合称为希腊的两大史诗，相传为荷马所作。该诗描述了希腊神话英雄 Odysseus 在特洛伊战争中以"特洛伊木马"攻破特洛伊城后，在海上漂流10年，战胜独眼巨神，制服了女巫，经历了种种难险，终于回到了自己的国家，夫妻团圆。后来，用 Odyssey 一词喻指"磨难重重的旅程"或"艰难的历程"。

这里值得提及的是，英语典故中有很多来自莎士比亚的作品。例如：

Romeo（罗密欧）是莎士比亚戏剧《罗密欧与朱丽叶》中的男主人公，指英俊、多情、潇洒，对女人有一套的青年。

"All that glisters/glitters is not gold."（闪光的并非都是金子。）表示外表漂亮的东西不一定都是好的。这一典故是由莎士比亚喜剧《威尼斯商人》中的一句话稍做改动而得来的。

5. 体育运动

英语中与体育相关的典故有很多。在英美国家中，体育运动相当发达，国民普遍都喜欢运动健身,因此体育是人们经常论及的话题。长此以往,便产生了大量与体育相关的术语,有些术语经过转义还被广泛运用于日常生活领域,后来逐渐演变为典故。例如:

play one's trump card(打出王牌)喻指在工作、经商、比赛、对抗或战争中使出绝招,采用最有把握取胜的办法。这一典故源自桥牌术语,意指关键时刻打出王牌以制胜。

strike out(三击不中而出局)喻指失败。其来自棒球术语,原意指击球手在比赛中三击不中就要退场。

6. 影视作品

电影的出现为人们带来了全新的娱乐方式,电影中的人物与故事情节成为人们津津乐道的话题。因此,影视作品也成为英语典故的一个来源。例如:Rambo(兰博)是电影 The First Blood(《第一滴血》)的主人公。

Rambo 参加过越南战争,接受到特种兵训练,面对种种不公正待遇,他采取了以暴易暴的方式。Michael Sylvester Gardenzio Stallone(史泰龙)的表演使 Rambo 的形象更加高大、丰满。因此,Rambo 就成为智勇双全、大义凛然、意志刚强的代名词。

7. 社会生活

随着经济全球化的不断推进,英语国家的社会结构、产业结构发生了巨大变化,新事物、新潮流不断涌现出来,随之也产生了一些新的词汇,其中的某些词汇由于具有显著的特点而演变为英语中的典故。

(二)汉语典故的来源

汉语典故的来源主要包括以下几个方面。

1. 神话传说

中国是四大文明古国之一,中华民族具有悠久的历史,其神话传说也是源远流长。汉语中有很多来源于神话故事的典故。例如,"点铁成金",该典故来源于古代神仙故事,说的是仙人可以用法术将铁(也有的说是"石")变成金子,如《列仙传》谈到许逊能点石成金。到后来,"点石成金"除了本意外,还引申出了比喻义,比喻把不好的诗文改好。

"八仙过海"这一典故来自道教传说,其寓意是各自有一套办法,或各显其能、互相竞赛。八仙是指张果老、汉钟离、铁拐李、吕洞宾、韩湘子、曹国舅、蓝采和、何仙姑。根据明代的《八仙过海》记载,相传八仙过海时不用舟船,而是使用各自的一套法术,各使手段、各显神通地过海。

"画龙点睛"喻指在作文或言谈时,在关键之处加上精辟的语句点明要旨,从而使之更加精辟传神、生动有力。根据唐朝张彦远《历代名画记》记载:传说梁代张僧繇在金陵安乐寺壁上画了四条龙,却不给龙点眼睛,说如果点了眼睛,龙就会飞掉。别人不相信,偏叫他点上。结果,张僧繇刚给其中两条点上眼睛,便雷声大作,震破墙壁,这两条龙乘云上天,只剩下没点眼睛的两条龙。

"伯牙绝弦"喻指知音难遇。据《列子·汤问》记载,伯牙是古代一位善于弹琴的乐者,而钟子期善解琴音,是伯牙的知音。在钟子期死后,伯牙认为再没有人能像钟子期那样懂得他的音乐,因此破琴绝弦,终身不再弹琴。

2. 寓言故事

汉语中的寓言故事大多来自古代典籍,尤其是先秦时期。例如,"揠苗助长""守株待兔""狐假虎威""刻舟求剑""画蛇添足"等,这些寓言故事,至今仍然能够给人们以艺术审美的愉悦和享受。下面再介绍一些源自寓言故事的汉语典故。

"杯弓蛇影"喻指疑神疑鬼、妄自惊慌。根据《风俗通义·怪神第九》记载,有人请客吃饭,在喝酒时,挂在墙上的弓映在酒杯里,客人误以为酒杯里的弓影是蛇,回去后疑心自己中了蛇毒,因此就病了。

3. 历史故事

中华民族是一个历史悠久的民族,经历过多次改朝换代,而每个朝代都会发生重大的历史事件。因此,有大量反映历史事件、历史故事的典故成为汉语语言的一部分,例如:

"纸上谈兵"喻指不切实际的空谈。这一典故出自《史记·廉颇蔺相如列传》,战国时赵国的赵括从小善于谈论兵法,因此赵王用他代廉颇为将。结果长平一战,赵军兵亡四十五万。

"赔了夫人又折兵"喻指想占便宜者没占到便宜反而遭受损失。根据《三国演义》记载,周瑜设计将孙权的妹妹许配给刘备,准备在刘备到东吴成婚时乘机扣留以夺回荆州,结果刘备带着新婚夫人逃回,周瑜带兵追赶又被诸葛亮用伏兵打败。

4. 古典文献

有一些汉语典故是从古典文献(包括史学、哲学、文学书籍与作品)中的经典名言名句里抽取、提炼、演化而来的,是人们为了方便使用而精炼概括出来的。

例如，出自《三国演义》的"三顾茅庐""过五关斩六将"等；出自《红楼梦》的"林黛玉"；出自《水浒传》的"梁山好汉"。类似的汉语典故还有很多。

5. 风俗习惯

风俗习惯是社会上长期形成的风尚、礼节，是社会文化的重要组成部分。汉语中的许多典故都与中国的社会礼仪、民间习俗、生活习惯有关。

例如，"半斤八两"源自中国习惯于使用的"斤"这一计算单位，以前一斤是16两，后来一斤是10两，因此这个成语表示一半对一半，彼此差不多。

三、英汉典故设喻对比

英汉典故在来源方面是基本一致的，因此各自典故的设喻方式也大体类似。概括来看，英汉典故的设喻方式通常有以下几种类型：以人物、事件、动植物、地名设喻。

（一）以人物设喻

以人物设喻是指将特定事件或故事所涉及的人物作为喻体，来表达一种特定的寓意。

例如，英语中有 a Herculean task（赫拉克勒斯的任务），这一典故取自古希腊神话，赫拉克勒斯是主神宙斯之子，力大无比，被称为大力神，因此该典故用来喻指艰难的、常人难以完成的任务。再如，Shylock（夏洛克）是莎士比亚喜剧《威尼斯商人》中的一位心地残忍的守财奴，经常被用来指那些既吝啬小气又手毒心狠的人。

汉语中也有许多以人物设喻的典故。例如，"孟母三迁"原本说的是孟子的母亲在孟子幼年时，十分重视居所邻居的选择，目的是给孟子选择良好的教育环境，并因此三次迁居，后来被用来喻指选择良好的居住和教育环境对于儿童教育的重要性。其他的以人物设喻的汉语典故还有"姜太公钓鱼""王祥卧冰""成也萧何，败也萧何"等。

（二）以事件设喻

以事件设喻是指将特定的事件或故事作为喻体，用以表达一种特定的寓意或喻指。

例如，英语典故 the Last Supper 出自基督教故事，耶稣基督得知自己将被一门徒出卖之后，依然从容坚定，召集十二门徒共进最后的晚餐，同时当场宣布这一预言。后用该典故喻指遭人出卖。

汉语文化中也有很多以事件设喻的典故。例如，"负荆请罪"这一典故讲的是战国时期廉颇为自己的居功自傲、慢待蔺相如而向其负荆请罪，从而使将相复合。后用该典故指认错赔礼。

（三）以动植物设喻

以动植物设喻是指将特定的事件或故事所涉及的动植物作为喻体，用以表达一种特定的寓意。

在汉语文化中，"草木皆兵"讲的是前秦苻坚领兵进攻东晋，进抵淝水流域，登寿春城瞭望，见晋军阵容严整，又远望八公山，把山上的草木都当作晋军而感到惊惧，后来喻指惊慌之时的疑神疑鬼。

（四）以地名设喻

以地名设喻指的是将特定事件或故事所涉及的地名作为喻体，用以表达一种特定的寓意或喻指。

例如英语中的 meet one's Waterloo（遭遇滑铁卢），滑铁卢是比利时的一个城镇，在这里发生的滑铁卢战役中，拿破仑率领的法军战败，后人就用此语来喻指惨遭失败。

汉语中也有这样的典故。例如"东山再起"讲的是东晋谢安退职后退隐东山做隐士，但是后来又出山任了朝廷要职，后来喻指失势之后重新恢复地位、权势等。

四、英汉相似或共通的典故

英汉典故存在很多不同之处，但是这并不意味着英汉两种语言在典故文化方面完全不同。实际上，英语和汉语中有一些典故的喻体、喻指都相似甚至完全相同。

（一）共同吸纳的典故

在英语和汉语中，有些典故都是从共同的某一个出处吸收过来的。

例如，英语中的 cry wolf 与汉语中的"狼来了"，cry wolf 与"狼来了"都出自《伊索寓言》，讲的是一个小羊倌放羊时为了打发时间就谎称"狼来了"的故事，该典故都喻指说谎的人会遭到报应。

英语典故 pull chestnuts out of the fire 与汉语的"火中取栗"相对应。这两个典故均出自一则法国寓言：一只猴子和一只猫看见炉火中烤着栗子，猴子叫猫去偷，猫用爪子从火中取出几个栗子，结果烧掉了自己脚上的毛，而猴子却吃掉了栗子。在两种语言中，该典故都用来喻指冒风险给别人出力，自己却上了当，结果一无所得。

（二）巧合的典故

英语中的 burn one's boats 与汉语中的"破釜沉舟"这两则典故虽然史事背景不同，但是情节非常相似。

英语 burn one's boats 取自这样一个史实：公元前 49 年，罗马执政庞贝与元老共谋进攻恺撒。当时，恺撒的领地与意大利交界处有一条小河。恺撒率军渡过此河，准备与敌军决一死战。他烧毁了渡河用的所有船只，以断绝本军后路、逼士卒奋勇向前，最后一举战胜敌人。

汉语"破釜沉舟"也取自一个极为相似的史实：战国时期，项羽率兵与秦军打仗，过河后命令部下将渡船凿沉，把饭锅砸破，然后携带三日的干粮，以表示为取得战争胜利必死的决心，喻指背水一战、志在必得。

英汉语言中的这两则典故的寓意相同，都指的是采取不留后路的行动，表示勇往直前的信念和决心。

第二节　典故文化英汉翻译

典故承载着浓重的民族历史与智慧，而且生动、形象。因此，在对其进行翻译时，译者应该保证真实传递其含义，同时要保证其形象性与民族性特点。

一、英语典故的汉译

英语典故的汉译主要可以采取如下方法。

（一）直译法

直译法是翻译英语典故的一种常见方法。直译，即通过对原有形象进行保留，从而保留源语的民族特色。例如：

Mr.Vargas Llosa has asked the government "not to be the Trojan horse that allow the idealism into Peru".

凡格斯·珞萨王请求政府"不要充当把理想主义的思潮引入秘鲁的特洛伊木马"。

本例中，译文将 Trojan horse 这一典故直译为"特洛伊木马"，这是因为读者对该典故比较熟悉。该典故源自古希腊的一则传说。古希腊人攻打特洛伊城时，把精兵伏于木马内，诱使特洛伊人将木马放入城中，夜间伏兵跳出，里应外合，攻下此城。后来常用"特洛伊木马"比喻"内部颠覆者；内部颠覆集团；起内部破坏作用的因素"。

（二）意译法

英汉文化存在着明显的差异，一些典故在翻译时很难保留源语的形象，不便于对其进行直译，因此这时可以考虑采用意译法进行翻译。例如：No smoke without fire 无风不起浪。

从字面意义上说，该典故的意思是"没有风就很难起火"，但是在汉语中并没有与其完全等值的谚语，但是这句话与"无风不起浪"有着基本相同的意义，因此可以译成"无风不起浪"。

It was another one of those Catch-22 situations.

这是一个左右两难的局面。

该典故出自美国小说《第22条军规》（Catch-22），军规中有明确规定，如果飞行员觉得自己神经不正常可以选择不执行飞行的任务，但是需要提前申请并得到明确的批准才可以。很明显，这项规则是矛盾的。因此，这一词汇用来喻指左右两难的境地。将其意译成"这是一个左右两难的局面"更为贴切。

One swallow does not make a summer.

一燕不成夏。

这句英语谚语的直译是：只发现一只燕子不能说明夏天的来临。在汉语中并没有与此完全等值的谚语，但有与其相似的谚语，如"一花不是春"或"独木不成林"等。因此，可以采用意法将其译成"一燕不成夏"。

（三）直译加注法

有些英语典故如果生硬地进行直译，会让读者很难理解，如果采用意译法翻译，就会丧失源语的形象和风格。这时直译加注法就是最好的选择，既能够保留源语的特色，也可以将读者想了解的潜在的意义传达出来。例如：

A good dog deserves a good bone.

好狗应得好骨头。（注：有功者受奖）

There is no rose without a thorn.

没有不带刺的玫瑰。（注：世上没有十全的幸福；有乐必有苦）

（四）套译法

虽然英汉语言与文化有着差异性，但是人类对世界的认知还是存在着相似的地方，这就使得英汉语言中存在着一些形象、意义相同的典故。

翻译这类典故，套译法是比较恰当的处理方法。例如：

to spend money like water 花钱如流水（挥金如土）

at sixes and sevens 乱七八糟

to be out at elbows 捉襟见肘

需要指出的是，典故不能随便套译。译者在翻译之前必须弄清典故的文化内涵、褒贬色彩，忽略这些而直接套译往往会导致误译。

（五）对联增字法

汉语中经常可以发现以对联形式构成的谚语，对联的上联描绘形象，下联陈述意义，如"棋逢对手，将遇良才""路遥知马力，日久见人心"等。

在翻译某些英语谚语时，如果无法用少量汉字将其含义准确完整地表达出来，就可以采用对联加字的手段处理，将会收到较好的效果。例如：

"Great men are not always wise."直译是"伟人也不总是聪明的"，实际上它的含义是"再聪明的人也有糊涂的时候"。可以采用对联增字法进行翻译，译为"人有失手日，马有失蹄时"或"老虎也会打盹，好马也会失蹄"或"智者千虑，必有一失"。再如：

Good news comes apace.

好事不出门，坏事传千里。

He who keeps company with the wolf will learn to howl.

近朱者赤，近墨者黑。

二、汉语典故的英译

对于汉语典故的翻译，通常采用以下几种方法。

（一）直译法

直译是汉语典故的一种常见方法，即保留汉语典故的原文形象，直接按照字面意义进行翻译。例如：

不入虎穴，焉得虎子。

How can you catch tiger cubs without entering the tiger's lair?

从意义上来看，英语中"No pains, no gains."或"Nothing ventured, nothing

gained."与出自《后汉书·班固传》的汉语典故"不入虎穴，焉得虎子"没有多大区别。但是，如果用这两句英语谚语翻译这句中国典故，则完全失去了原文的形象和民族特色。因此，翻译时可采用直译法，不仅使译句形象生动，而且易于译语读者的理解。

再如：

守株待兔。

Watching the stump and waiting for a hare.

三个臭皮匠，顶得上一个诸葛亮。

Their wits combined equal Zhikeh Liang the master mind.

（二）意译法

汉语典故的英译涉及两种情况：改换形象意译和保留形象意译。

1. 改换形象意译

改换形象意译法是在翻译典故时，为了使译入语读者完全理解原文意思，采用不再保留原文中人物等的原有形象的方法进行意译。例如：

These two women are like diamond cutting diamond.

（许孟雄译）

这都是汪太太生出来的事，"解铃还须系铃人"，我明天去找她。

（钱钟书《围城》）

Mrs.Wang is the one who started it all. "Whoever ties the bell around the tiger's neck must untie it." I am going to see her tomorrow.

（珍妮·凯利、茅国权译）

2. 舍弃形象意译

舍弃形象意译法是完全舍弃原文中的人物等形象，纯粹采用意译法进行翻译的方法。例如：

她当时有一个很奇特的想法，又是个万不得已才会去做的想法。这几天告无门，只能破登掘垮，走这条路了。

（徐飞《凤求凰》第四章）

This, she had decided long before, would only be done as a last resort.but as all other avenues were closed for her and Xiangru, this was the step that had to be taken.

（Paul White 译）

而且这规则是不像现在那样朝三暮四的。

（鲁迅《灯下漫笔》一）

And these rules. unlike those we have today，do not change all the time.

（Yang 译）

（三）直译加注法

在对有些汉语典故进行翻译时，除了要保留原文形象的基础上，还需要对一些形象加以解释说明，从而使读者更好地理解和把握原文含意。例如：

……越发添了"宋太祖灭南唐"之意……

（曹雪芹《红楼梦》第七十九回）

...had filled her with the same resolve as the First Emperor of Song when he decided to wipe out the Prince of Southern Tang...

（杨宪益、戴乃迭译）

如果对"宋太祖灭南唐"，直接进行翻译很多读者都难以理解，因此可以加上注释：the First Emperor of Song：Zhao Kuangyin（927-976），Southern Tang（937-975），使读者明白了解南唐所处的历史时期。

（四）套译法

如果汉语中的典故可以在英语找到与之形象与意义相同的典故，翻译时可以采用套译法。例如：

只要大胆地破釜沉舟地跟他们拼，还许有翻身的那一天！

（曹禺《红日》）

All you can do is to burn your boats and fight them in hope that one day you'll come out on top.

再如：

笑掉大牙 to laugh off one's head

猫哭老鼠 to shed crocodile tears

第十一章　习俗文化对比与英汉翻译

习俗是指一个国家或民族的民众在历史发展过程中所创造、享用并传承的物质生活和精神生活文化。习俗是文化的重要组成部分。了解中西习俗文化，不仅有利于习俗文化的翻译，还有利于成功地进行中西方习俗文化的交际。

第一节　习俗文化对比

一、英汉服饰文化的对比

中西方服饰文化在文化整体性中起着特殊作用，映射着民族文化心态。西方的服饰文化注重社交、美观，而中国的服饰文化注重身份、地位。

（一）服饰形制

1. 西方的服饰形制

西方服装文化是一种多源性的文化。西方服饰历史悠久，不断创新。古希腊文明是西方文明的主要源头之一，古希腊文明曾受到同处地中海周边地区的古埃及文明、两河流域文明、西北小亚细亚文明的影响。远在公元前3500年左右，苏美尔人就开始采用羊毛织物包缠在人体上。由于地处温热带，古埃及人着装很少，下层阶级一般处于裸体状态，或用布块简单地缠在下身，形成胯裙或围裙；上层人士也穿围裙，但布料精细，并且带有整齐的放射状的衣褶（象征太阳的光芒）。

公元前1750至公元前1450年，米诺斯文明进入了全盛时期。流行服饰为荷叶边状多层下摆重叠的喇叭裙，露胸的紧身短上衣，典雅精致。

公元前1200年左右，以简朴的披挂包缠形服装为主，不经任何裁剪和缝制，这是一种与米诺斯服装完全不同的风格。因此，古希腊罗马可以称为"宽衣"时代。

中世纪男女都穿遮蔽严实、宽松略肥的吐尼卡。但由于气候的原因，查理曼帝国时代的日耳曼人都穿紧身的衣服，是立体裁剪服装的先驱。他们都以身着黑色骑士服为高贵、强悍的象征。

文艺复兴时期，服饰形制达到了空前的多样化。服装的审美重心在于突出男女的性别特征以及华丽的装饰。

中世纪后的西方服装文化崇尚标新立异。近代欧洲的服饰文化随着政治中心的转移而变化。16世纪下半叶，西班牙服装主导整个欧洲。17世纪上半叶，以自然舒适为特点的荷兰服装引领了欧洲的时尚。17世纪下半叶，法国服装文化成为欧洲中心，以结构造作的巴洛克服装为主。18世纪上半叶，体现纤巧细腻女性风格的洛可可艺术风格的服装取得了中心地位。18世纪的下半叶，古希腊风格的简洁服装再现于欧洲。19世纪新艺术风格影响了欧洲的服装时尚。

纵观西方服装文化发展的历程，服装形制的变化跌宕起伏。

2. 中国的服饰形制

由于中国几千年来处于稳定和保守的状态，中国的服装文化在不变的宇宙观、政治观和价值观的大环境中，继承性、连续性要远远大于变异性、创新性。中国服装文化是一种单源性的文化，历史源远流长。从传说时代的黄帝、尧舜时期，我国已经采用上衣下裳的服装形制。

到了商周时期，这种上衣下裳形制已经定型。衣是上衣，裳指的是下裙。这一点可以从商代出土的玉雕人像中清楚地看到。上衣长度至膝盖，衣襟右掩相叠，称为右衽，形成交领，腰间用一根带子系缚固定。裳由七幅布帛缝纫而成，前三幅，后四幅，腰部带褶，穿有带子，穿着时带子系在腰间，即成一筒状，样式与裙相似。右衽的服装以及束发的装扮是中华文明的象征。除衣领、衣襟外，袂和缘也是服饰的重要组成部分。"袂"即衣袖，古代衣袖以长而肥为惯制。"缘"是衣的饰边，衣裳的饰边里外各宽一寸。古人对衣裳冠履的饰边忌用间色，而用正色质料。例如，以质料命名的有"锦衣""绡衣"，以颜色命名的有"黄衣""缁衣"。

周代上衣常见的款式为"襦"。"襦"有长襦和短襦之分，长襦又称"裋"，短需又称"腰襦"。另外，"襦"还有单和夹之分，夹"襦"称为"复襦"，即在夹层中填充丝絮或麻以御寒。冬季御寒的衣服还有裘和袍，袍的形制与复襦相近；裘则是毛向外的皮衣。贴身穿的上衣有"亵衣""中衣""私"等。

从商代上衣下裳到春秋战国时期深衣的流行，经历了一次服装制式的变化。上衣下裳连为一体即为深衣，无男女式样和尊卑区别，上窄下宽，多系腰带，腰带上不及人的肋骨、下不及髋骨，深衣的面料大多为丝帛。

到了魏晋南北朝时期，女性的服装开始向衣、裳独立的方向发展，上衣下裙的装束逐渐成为女性衣着的主流，两晋时期还开始出现上衣短下裙长的装束。

盛唐女装摒弃了宽袖大袍、交领掩胸等传统式样。其式样繁多且合体，既有盘领窄袖袍，又有翻领袒胸衫，也有紧身福袄，还有轻薄透明的罗衣，色彩纹饰花样繁多。唐代男子的装束也有重要变化。首先是头上以幞代冠。其次是"品色衣"成为定制，"品色衣"即以服装的颜色分辨官位和品级。皇帝着黄袍衫，亲王及三品以上官员着紫袍衫，五品以上着非袍，五品以下着绿、青袍，士兵着皂，未进入仕途的士子和庶人着白袍衫。另外，官员还以腰间所佩带镑区别等级。唐朝袍服的衣领不再只有交领和直领两种样式，圆领袍开始流行。

宋朝服饰基本沿袭唐制。官服的变化在于幞头和鱼袋。宋代幞头，里边用木骨撑起，外罩漆纱，成了一种幞头帽子。后边的两脚向外侧展平，称"硬脚幞头"，为文官所戴；两脚向上在脑后相交，叫"交脚幞头"，为武官所戴。金鱼袋是唐朝五品以上官员佩戴的一种袋子，内装鱼符，上刻官员的官职、姓名，作为出入的凭证。宋朝妇女服饰，变化主要在头上和脚上。贵族妇女喜戴花钗冠，皇后则戴九龙四凤冠。由五代末年兴起的缠足之风到宋朝已变得流行，待成三寸金莲后穿三角形小鞋。

自清朝入关后，中国服饰又出现了一次大变革。清朝男子服装为开衩长袍，下着长裤，衣袖窄小，袖口装有箭袖，又称"马蹄袖"，人们通常还在长袍外套一件长不过腰、袖仅掩肘的马褂。马褂又可分为对襟、大襟、无襟多种。清朝汉族女子仍沿袭明代旧制，南方多着袄衫，下配长裙。而北方女子多穿长裤。满族妇女则穿本族旗袍，外罩马甲。

（二）服饰造型装饰

中式服装、西式服装在造型装饰方面有着鲜明的民族性和地域性。通常来讲，造型是指服装的外形轮廓，是从大处着眼，如目前流行宽松式的 H 型或紧身式的 X 型等。

1. 西方服饰的造型装饰

西方文化强调个性，所以西方服饰强调刺激、极端的形式。西式服装的造型开放、显露。西方服饰的造型取决于西方讲究实用、理性的文化和西方人的身体结构。西方人体的胸、腰、臀曲线明显，西方的服装强调省道、袖笼、褶涧等的半立体设计。各种适合人体的收腰、隆胸等设计比比皆是，服装的廓型属体形型。

西方服饰的立体设计，使得其装饰强调立体感和空间感。装饰手段包括穗饰花结、荷叶边、金银丝带、褶裥、切口等。西式服装纹饰上常见的是以规则骨式构成的石榴纹、菱花纹，注重颈、胸、袖口的装饰，装饰物有珍珠、钻石、帽子、手套等。

（1）外形结构

西方服装强调横向感觉，常采用横向扩张的肩部轮廓、各种硬领、轮状领、膨胀的袖型、庞大的裙撑、重叠的花边和花朵以及浆果的纱料和各部位的衬垫，使服装线条产生夸张和向外放射的效果。西式服装强调三维效果，既合体又实用。西式服装常用填充物衬垫或支撑，如垫肩、垫胸等。由于西式服装是装袖，所以肩饰造型多样。袖子款式变化很多，如半腿袖、主教袖等。

（2）材料

西方服装应用较多的是亚麻布、羊毛织物、棉布、天鹅绒。西方国家在远古时期大都是以狩猎为主，所以他们很早就懂得用兽毛皮来制作衣物。现在常见的各类毛织衣料大都是从西方引进的品种。毛呢衣料坚实、挺括，可塑性强，使服装外形高低起伏，给人以端庄、充满活力的感觉。

（3）图案

西方服装上的图案随着历史变迁不断地发生变化。最早出现的是花草图案，到了文艺复兴时期，花卉图案颇受欢迎。法国路易十五统治时期，轻淡柔和的庭院花草图案和 S 形或旋涡形的藤草图案非常流行。到了近代，利用几何绪视原理设计的欧普图案、以星系或宇宙为主题的迪斯科花样和用计算机设计的电子图案较为流行。

2. 中国服饰的造型装饰

中国传统文化崇尚和谐，强调对称、统一的服装造型。中式服装的造型取决于中国的文化和东方人的身体结构。中国人的胸、腰、臀曲线不明显，中国文化讲究含蓄、中庸，所以中国服饰以宽衣肥袖、连身平袖直腰身的平面裁剪方法为主。中式服装的平面直线裁剪方法，决定了装饰的二维效果。装饰手段包括传统的镶、嵌、滚、盘、绣几大工艺。刺绣工艺与丝绸面料配合打造了服装的东方风韵。补子是中式服装独有的装饰手段。玉是备受推崇的中式饰物，配以"中国结"，装饰在腰部。

（1）外形结构

传统的中式服装多以中轴对称为特征，要求把人体严严实实地包裹起来。中国传统服装的主体形式是前开型的大襟和对襟式样。中国传统服装强调纵向感觉，自衣领部位开始自然下垂,常用长袖、筒形的袍裙等手法,使四肢有修长感。

（2）材料

中式服装多采用丝绸或棉布、葛布、麻布等天然纤维,使用绗缝、手针、补缀等东方缝制技法。葛布是葛藤的茎皮纤维加工制成的。中国享誉世界的服装面料是丝绸,柔软滑爽、通气性好,冬暖夏凉。丝绸可用于多种类型的服装及头巾、披风、水袖等。静态的丝绸服装有一种飘逸的美感,穿在身上时则可以通过人的肢体动作表现出一种赏心悦目的动人效果,充分体现出中国人在开发、利用自然资源方面的聪明与智慧。

（3）图案

中式服装喜欢使用表达吉祥、美好等意味的图案。从古到今,从高贵绸缎到民间印花布,吉祥图案可以说是随处可见。九龙戏珠、龙飞凤舞、龙凤呈祥等图案表达着中国人作为"龙的传人"的自豪,凤穿牡丹、喜鹊登梅等图案则寄托了广大劳动人民对美好生活的希望。

（三）代表性服饰

1. 西方的代表性服饰

在现代社会,牛仔裤是西方最具有代表性的服饰。牛仔裤最早出现在美国西部,是以旋蓝色粗斜纹布为原料的直裆裤,其主要特点是裤腿窄,缩水后紧包臀部。我们经常会看到很多经过改版的牛仔裤,这些牛仔裤风格迥异、款式夸张,充分体现出西方人敢于张扬个性、我行我素、标新立异的性格特征。在他们看来,服装是一个人社会价值的体现,服装的作用在于"自我表现",所以穿着服装就是为自己而穿。

2. 中国的代表性服饰

近代中国服饰最有代表性的莫过于中山装。中山装由孙中山先生设计,始于20世纪20年代。孙中山先生将他的救国救民思想以及中国传统文化巧妙地融合到服装之中,体现出中国人在着装立面对精神和意义的追求。具体来说,中山装表达了以下一些思想。

（1）门襟五粒纽扣表示行政、立法、司法、考试、监察五权分立。

（2）袖口三粒纽扣代表民族、民权、民生的三民主义。

（3）前身四个口袋表示礼、义、廉、耻的国之四维。

（4）后背不破缝,象征国家的和平与统一。

（5）衣领定为翻领封闭式,显示严谨治国的决心。

中山装综合了西式服装与中式服装的特点,既表现对称之感,符合中国人的审美习惯,又显得精炼、大方、简便。儒家思想注重人的自身修养,认为统治者要仁政爱民,做人要讲究礼义,中山装正是中国传统哲学思想的真实写照。

二、英汉饮食文化的对比

下面从饮食追求、菜肴名称、饮食对象、烹调方式、饮食餐具及就餐方式六个方面对中西饮食文化进行对比。

(一)饮食追求

1. 西方的饮食观念

西方饮食以追求营养为首要目的。西方的饮食文化是一种理性的文化,虽然有些机械,但是有益于人体健康。西方哲学以形而上学为主要特点,这对西方饮食文化的影响非常大。所以,西方人可以放弃食物的色、香、味,但一定以保证营养的摄取为前提条件。例如,蛋白质、脂肪、维生素、碳水化合物等的搭配是否均衡,这些营养成分能否被彻底吸收以及是否有一定的副作用,卡路里的摄取量是否合适等。如果加热烹调会造成营养损失,那他们宁愿选择吃半生不熟的食物以保证最大限度地摄取营养。西方人们也有很多食物直接甚至干脆生吃,这也是为了保证营养成分的不流失。西方饮食讲究用料以及形、色方面的搭配,但是各种原料保持各自独特的味道而不相干扰。

不得不提的是,西方饮食文化的另一特色就是"快",所以诸如"McDonald's""KFC"之类的快餐在西方非常受欢迎。这种快餐文化是在快节奏的生活方式的影响下逐渐形成的,似乎与对营养的追求有些矛盾,所以西方人会在快与营养之间做出自己的选择。

2. 中国的饮食观念

中国哲学讲究宏观、不可捉摸,所以中国的每道菜都融合了各种原料的味道。中国菜注重整体的协调,在协调的范围内寻求多样化。中国菜不仅追求"色、香、味"俱全,还常常配有一个诗情画意的名字,如"孔雀迎宾""瓜灯之韵""全家福"等。中国菜从听觉、视觉和味觉三个方面强烈地刺激着人们吃的欲望。其中,"名""色""香"是形式上的"包装","味"是其内容。

(二)饮食对象

1. 西方的饮食对象

在西方历史上,人们多以渔猎、养殖为主,以采集、种植为辅,受游牧民族、航海民族的文化血统的影响，西方的饮食对象以荤食较多，甚至连西药也是从动物身上摄取提炼而成的。西方人在介绍自己国家的饮食特点时，常常对自己国家发达的食品工业和快餐食品引以为豪。虽然这些罐头、快餐千篇一律，但节省时间且营养良好。

2. 中国的饮食对象

中国自古以来就是农业大国，饮食对象多与农业生产有关，具体来说包括以下几类。

（1）主食类

中国的传统主食是五谷，即稻、黍、稷、麦、菽。除此以外，马铃薯、山药、芋头等薯类作物也可以充当主食。值得一提的是，南北方在主食上也是有区别的，南方以米饭为主食，而北方常以面条和馒头为主食。

（2）肉食类

肉食主要来源于与农业生产有密切关系的六畜，即狗、鸡、牛、羊、马、猪。然而，中国人在古代是很少食用肉食的。

（3）辅食类

从传统意义上说，中国人的辅食是蔬菜，外加少量肉食。由于中国受佛教影响较大，因而以素菜为主。据有关资料统计，中国人吃的菜蔬有600多种，是西方人的若干倍。

（三）饮食餐具

1. 西方的饮食餐具

西方人多以金属刀叉为餐具，盛放事物的器皿种类繁多，包括各种杯、盘、盅、碟。西方人用餐比较讲究，他们摄取不同食物使用不同的工具。餐具的摆放也很有讲究，他们在用餐时一般左手拿刀，右手拿叉，且餐具的摆放按照刀叉的顺序从外向内依次取用。

西方人使用刀叉切食牛肉的行为曾一度被认为是一种文明程度不高的象征，但是现代社会，西方的经济发展迅速，其文明发达程度一目了然，显然刀叉作为餐具的习惯已不会更改，这种习惯的保留一方面与刀叉的实用性有关系，另一方面则与西方人的饮食习惯有关系。西方民族多为游牧民族，人们常年在外放牧，因此身上会带一把刀，其既可以当作一种工具，又可以在吃饭的时候作为一种餐具，户外饮食多以烤肉为主，将肉烤熟后，割下来直接食用。

随着人们生活方式的改变，人们渐渐定居下来，刀叉也逐渐走进了人们的厨房，成了一种日常餐饮工具。西方的刀叉具有多重身份，既可以作为切割肉类的工具，又可以作为餐具使用。

2. 中国的饮食餐具

中国的餐具以筷子为主，有时也会使用汤匙，饮食工具还包括一些杯、盘、碗、碟。

筷子的使用在我国有很久的历史渊源。先秦时期，人们吃饭一般不用筷子，多以手抓的形式来拿取食物。后来由于人们开始将食物进行烤制，这样便不宜用手直接抓食，需要借助于树枝一类工具的帮助。久而久之，人们便逐渐学会使用竹条来夹取食物，这也是筷子的雏形。在古代，筷子被称作"箸"。根据相关研究表明，到了汉代之后人们才普遍使用筷子。

中国人性格温和，主张以"和"为贵，因此在使用筷子时不会出现不雅动作。法国著名的文学思想家、批评家罗兰·巴尔特（Roland Banhes）认为，筷子在夹取食物时不像刀叉那样切、扎、截，因而食物不再是人们暴力之下的猎物，而成为被和谐传送的物质。科学家们曾从生理学的观点对筷子进行了一项研究并取得成果，认定用筷子进食时，要牵动人体三十多个关节和五十多条肌肉，可以有效地刺激大脑神经系统的活动，进而使人动作灵活、思维敏捷。

（四）就餐方式

1. 西方的就餐方式

西方人就餐时多采用方桌和分餐制。分餐制是指每人都有一份餐具和一份摆放在自己面前的属于自己的食物。

此外，西方国家的人们在就餐时喜欢吃自助餐，即将所有食物逐一摆放出来，大家可以自由地走动，随意地享受自己喜爱的食物，不必固定在自己的座位上享用。这种方式既体现了对个性、对自我的尊重，又便于大家进行情感交流。

西方人就餐的主要目的是进行交流与沟通，在享用食物的过程中，与其他的客人进行交谈，从而达到一定的交际目的。

2. 中国的就餐方式

中国人吃饭常采用圆桌与合餐制。圆桌可以从形式上创造一种团结、和谐的氛围。将所有的美味佳肴放在一桌人的中心部分，不仅由一桌人共同欣赏与品尝，还是一桌人交流情感的媒介。人们在享用美食的过程中，一边交谈，一边享用，互相夹菜、敬酒，一方面体现了尊重、礼让的中国传统美德，另一方面还体现了中国人追求"大团圆"的普遍心态。

此外，座席的安排、斟酒的次序、敬酒的规矩等都有着严格的规定，这是中国长幼尊卑、上下先后的等级观念的反映，发挥着别亲疏、别尊卑的伦理功能。

三、英汉居住文化的对比

居住文化作为人类文化中的一朵奇葩，是一时一地精神文化的物质体现。

1. 西方的建筑价值观

在建筑材料的选择方面，西方建筑多用石头作为建筑材料，并不是因为森林植被丰厚的欧洲缺少木材资源，而是因为一方面西方人追求生活的理性意义，强调人在社会中的主体地位，主张人的力量可以改造自然和社会；另一方面古希腊、古罗马处于石材资源丰富的地中海区域，这是用石头作为建筑材料的另一个自然条件。所以，西方建筑偏坚硬，充满力量感，具有一种阳刚之美。

2. 中国的建筑价值观

首先，中国建筑体现了"天人合一"的思想。这一思想使得中国建筑在材料选择、命名方面都有自己的特色。在材料选择方面，自古以来，不管是居民建筑还是宫殿都选择土木为材料，并不是中国缺少石材资源，这表明了人们对大地和植物的特殊情结，大地和植物是自然界的主要组成部分，这就展现了人们希望和自然的和谐统一。在命名方面，将建筑群中高大的主体建筑称为"殿"或"堂"，二者都含有气势恢宏的意境。因此，中国的建筑偏质朴，充满生命力，具有一种顺应自然的灵秀之美。其次，中国建筑运用了传统文化中的阴阳数理理论，它既包含了阴阳调和论，又蕴含着数理思想。数与象有着直接而根本的联系，也就是说数是一切事物外在的象。例如，天坛这个圆形建筑，它的圆丘层数、台面直径、拦板数都为单数，即为阳；而地坛是个方形建筑，台阶数为八，是偶数，即为阴。

因此，天坛整个建筑堪称中国最圆满的建筑作品之一。

四、英汉节日文化的对比

节日集中民俗文化的多种特性，它不仅具有调剂民众生活的功能，也巩固了社会秩序。节日是民众感染文化的窗口。节日体现着民族文化的灵魂，展示了民众的文化情感。所以，节日是民族文化的外在表现形式。通过节日这个机会，人们互相联络感情，表达祝福。所以，节日就成了人与人之间沟通的桥梁以及维系人际情感的精神纽带。下面我们主要从节日起源、节日活动以及重要节日三个方面对中西节日文化进行对比研究。

1. 西方节日以宗教为主

由于西方国家具有浓厚的宗教色彩，因此西方节日的形成与宗教有着密切的关系。例如，一月的主显节，二月的圣瓦伦丁节（也称"情人节"），四月的复活节，五月的耶稣升天节，八月的圣母升天节，九月的圣母圣诞节，十一月的万圣节，十二月的圣诞节等，这些节日都与一些宗教传说有关。

西方的一些宗教节日是经过世俗的一系列活动逐渐形成的。例如，"感恩节"（Thanksgiving Day）最初是清教徒移民北美大陆后庆祝丰收的日子，后来感恩节被华盛顿、林肯等规定为"感谢上帝恩惠"的节日，这样"感恩节"就带上了一定的宗教色彩。

2. 中国节日以时令为主

中国的节日大多与时令节气有着密切的关系，有关节日与时令节气相关的文献最早可以追溯到《尚书》《夏小正》，到战国时期，一年中划分的二十四个节气，已大致成型，这对后来的传统节日影响极大。宋朝的陈元靓在其《岁时广记》对一年中的节日曾记载：一年中的节日有元旦、立春、人日、上元、正月晦、中和节、二社日、寒食、清明、上巳、佛日、端午、朝节、三伏、立秋、七夕、中元、中秋、重九、小春、下元、冬至、腊日、交年节、岁除等，其中多数节日都为时令性节日。我国之所以有众多的时令性节日，这与我国农业文明的影响是分不开的。

第二节　习俗文化英汉翻译

一、英汉服饰文化的翻译

（一）直译

在进行服饰文化的翻译时，大多数情况下都可直接采取直译法，这样一方面可以保留中国服饰文化的韵味，另一方面也便于外国读者对其的理解。例如：

一面说，一面见他穿着弹墨绫薄棉袄。外面只穿着青缎夹背心，宝玉便伸手向他身上摸了一摸，说："穿这样单薄，还在风口坐着，时气又不好，你再病了，越发难了。"

曹雪芹《红楼梦》

Noticing that she was wearing a thin padded silk tunic with black dots under a lined blue silk sleeves jacket, he reached out to feel her clothes.

"You shouldn't sit in the wind so lightly dressed," he remarked. "If you fall ill too in this treacherous early spring weather, it will be even worse."

（杨宪益、戴乃迭译）

（二）意译

中国传统服饰文化独具特色且博大精深，很多时候难以直译，此时最好采用意译法，力求将中国服饰文化传递出来，以实现弘扬中国文化、促进跨文化交流的目的。例如：

这女人尖颧削脸，不知用什么东西烫出来的一头鬈发，像中国写意画里的满树梅花，颈里一条白丝围巾，身上绿绸旗袍。光华夺目，可是面子亮得像小家女人衬旗袍里子用的作料。

（钱钟书《围城》）

The woman had prominent cheekbones and a thin face. Her hair, waved by some unidentified instrument, resembled a plum tree in full bloom in a Chinese impressionist painting. Around her neck she wore a white silk scarf and was dressed in green silk Chinese dress which was dazzling resplendent, but shiny like the material high-class girls used for lining.

（珍妮·凯利、茅国权译）

（三）改译

改译法是译者对原文篇幅或内容作一定程度的改变或调整，使译文从文化背景、风俗习惯等方面顺应译语读者，最终实现翻译目的的翻译方法。在翻译中国传统服饰时，对那些难以直译、意译，解释起来又很麻烦的服饰名词，译者可采用改译的方法，将原文中的服饰词汇改译成英美文化中与之形似事物的名词，以方便英语读者理解。例如：

坐了一会儿，院中出来了个老者，蓝布小褂敞着怀，脸上很亮，一看便知道是乡下的财主。

（老舍《骆驼祥子》）

Presently an old man came out of the yard. He was dressed in a blue cotton jacket open in front and his face shone. You could tell at a glance that he was a man of property.

（施晓菁译）

(四)解释性翻译

一个民族的服饰特点渗透着一个民族深厚的文化底蕴。在翻译具有丰富文化内涵的服饰时,为帮助译入语读者进行有效地理解,可在译文中进行适当解释。例如:

那时天色已明,看那人时,三十多岁光景,身穿短袄,脚下八搭麻鞋,面上微有髭须。

(吴敬梓《儒林外史》第三十九回)

It was light enough now for him to see this fellow: a man in his thirties with a stubbly growth on his chin, who was wearing a short jacket and hempen shoes.

(杨宪益、戴乃迭译)

二、英汉饮食文化的翻译

中国的菜名在形美、音美和意美上下足了功夫。形美的实现手段有对仗、平衡等,音美的实现手段有押韵、谐音等,意美的实现手段有祝福、赞美等。因此,在翻译中国菜名时,译者会感到一些难度,这时就需要讲究一定的翻译策略。英汉饮食文化的翻译策略包括以下几种。

(一)直译

直译策略就是按照字面意思用目的语中的对等词汇来翻译菜名,并且读者可以明白其基本含义。例如:

板鸭 flat duck 　　　　　脆皮鱼 crisp fish
蛋花 egg loss 　　　　　鸡汤 chicken soup

(二)意译

有些中国菜名比较注重形式,此时译者需要抛开形式了解这种菜的实质,然后选择意译策略。例如,如果直译"金华玉树鸡"这道菜,结果为 chicken cooked with golden flower and jade tree,然而这道菜中没有花和树,它包括火腿、青菜和鸡肉三种材料,因为金华市以火腿著名,青菜在形象上和玉树相似,所以这种译文与这道菜的内容不符,此时就可以将其意译为 sliced chicken and ham with greens。

(三)拼音加注

拼音加注策略是指采用汉语拼音和英语解释相结合的翻译方法将中国菜的风格与味道表达出来。例如:

湖南羊皮 Hunan lamb

太白鸭子 Taibai duck

罗汉大虾 Lohan giant prawns

（四）倒译

倒译策略是指翻译时按照英语的结构特点将汉语的词序完全倒置的方法。例如：

卷筒兔 rabbit rolls

汤面 noodles in soup

（五）转译

中国菜名追求音美，而谐音是常见的实现音美的手段。谐音可以侧重于原料或者词组。译者在翻译此类菜名的时候，需要先了解这道菜的原料以及谐音所涉及的对象，然后采用转译策略。例如：凤凰玉米羹 "corn and egg porridge" 这道菜中的 "凤凰" 是单独指意，"凤" 是鸡的意思，"凰" 与 "鸡黄" 的 "黄" 谐音，因此该词不能直译为 phoenix。

龙虎凤大烩 thick soup of snake, cat and chicken

上面这道菜的原料并非龙、虎、凤，它们是根据蛇、猫、鸡的形状而产生的谐音。所以，这道菜不能译为 thick soup of dragon, tiger and phoenix。

三、英汉居住文化的翻译

就建筑文化翻译而言，译者需要以贴近目的语读者的语言习惯再现源语的建筑文化。所以，在进行建筑文化翻译时，译者可以采用直译、意译、音译加注释以及直译、意译相结合等策略。

（一）直译

对于描述类的建筑文本，可以采取直译策略，保留原文的语言形式，有利于与读者感受源语的文化魅力。例如：

洁白的石桥栏杆、华表和石狮，与红墙黄瓦互相辉映，显得十分辉煌，气氛开阔雄伟，与大明门内的窄小低平形成强烈对比，是前导序列的第一个高潮。

The pure white stone bridge railings, oramental pillars and stone lions formed a very glorious and magnificent sight, adding to each other's splendor with red walls and yellow tiles and making a stark contrast with narrow and low-lying sight inside the Damingmen, which were the first climax of the leading sequence.

（二）意译

中国建筑与西方建筑的差异巨大，因此大多数中国建筑很难采用直译的方法来翻译，而只能用意译法来处理。例如：

这里薛姨妈和宝钗进园来瞧宝玉，到了怡红院中，只见抱厦里外回廊上许多丫鬟老婆站着，便知贾母等都在这里。

（曹雪芹《红楼梦》）

When Aunt Xue and Baochai reached Happy Red Court to inquire after Baoyu, they knew from the throng of maids and nurses on the verandah that the Lady Dowager and others must he there.

（杨宪益、戴乃迭译）

（三）音译加注释

对于源语和目的语中的建筑文化空缺现象，译者应该本着传播源语建筑文化的目标，采取音译加注释的策略进行处理。音译可以保留术语的文化，但会造成读者的理解困难，在音译的基础上加注释则可以弥补这一缺陷。例如：

高大的承天门城楼立在城台上，面阔九间，重檐歇山顶，城台开有中高边低五个券门，门前有金水河和正对五个门的五座石拱桥。

The tall and noble Chengtianmen Rostrum stand on the platform with a nine Jian (the distance between two columns: often used in descriptions of ancient architecture) rooms' width and double eaves of Xieshan roof. There were five arched doors in different sizes on the platform and the Gold River and five stone-arched bridges over against the five doors.

（四）直译、意译相结合

当在目的语中无法找到与源语对应的表达时，译者可以跳出源语的框框，采用直译、意译相结合的策略。例如：

祈年殿 the Hall of Prayers for Good Harvests

在本例中，译者将"殿"直译为 hall，将"祈年"意译为 Prayers for Good Harvests。

乾清宫 the Palace of Heavenly Purity

在本例中，"宫"直译为 palace，"乾清"意译为 Heavenly Purity。

奎文阁 Tower of the Constellation of Scholars

上述例子中的"阁"直译为 tower；"奎文"指有学问的人，意译为

Constellation of Scholars。

四、英汉节日文化的翻译

很多节日习俗文化词在中西方文化中并不是一一对应的，会出现一定的语义空缺或文化空缺。因此，在对中西方节日所特有的习俗文化词进行翻译的时候，需要结合目的语国家的节日文化进行翻译，以确保译文符合目的语读者的表达习惯。

（一）直译

为了传播中国民俗文化，让外国读者感受中国的民族特色，有时候可以采用直译法。例如：

旧历冬至前一天早晨，柔嘉刚要出门，鸿渐道："别忘了，今天咱们要到老家去吃冬至饭。"

（钱钟书《围城》）

On the morning of the day of winter solstice by the lunar calendar, just as Jou-chia was about to leave the apartment, Hung-chien said, "Don'tforget. We have to go to my parents today for winter solstice dinner."

（珍妮·凯利，茅国权译）

再如：

春联 Spring Festival Couplets　　灯会 Lantern Festiva

庙会 Temple Fairs　　舞狮 Lion Dancing

耍龙灯 Dragon Lantern Dancing　　腊八粥 Laba porridge

（二）意译

当直译和音译都无法忠实地再现中国民俗文化时，就可以考虑采用意译法。例如：

粽子 sticky rice dumplings

正月初一 the first day of the lunar month

门神财神 pictures of the god of doors and wealth

守岁 waking up on New Year

拜年 paying a New Year call

发压岁钱 money for children as a New Year gift

结语

　　掌握一门语言到翻译熟练的程度，不仅需要掌握基本的单词、语法，还要深谙语言的文化环境，只有这样，才能在进行英汉翻译时，切准文化脉搏，使翻译精准地道、不产生歧义。另外，英汉翻译是一种文化的交流，作者对英汉文化的对比与分析，能够使英汉翻译更加符合文化环境，使读者了解使用英汉语所占的比重，为人们学习翻译提供了丰富而全面的文化资料。该书用更多的笔墨对文化在英汉翻译中的作用进行了论述，可以看出，在英汉翻译中，文化是贯穿始终的，语言是交际的工具，这种工具是以文化为载体的，不同的语言折射出了不同的文化，如果人们对文化不甚了解，在进行英汉翻译时就容易走入误区，不仅达不到最佳的交际目的，还可能产生交际障碍，这是非常值得注意的问题。

参考文献

[1] 叶苗. 应用翻译语用观研究 [M]. 上海：上海交通大学出版社，2009.

[2] 殷莉，韩晓玲. 英汉习语与民俗文化 [M]. 北京：北京大学出版社，2007.

[3] 张培基. 英语翻译教程（修订本）[M]. 上海：上海外语教育学出版社，2009.

[4] 张全. 全球化语境下的跨文化翻译研究 [M]. 昆明：云南大学出版社，2010.

[5] 张维友. 英汉语词汇对比研究 [M]. 上海：上海外语教育出版社，2010.

[6] 张镇华. 英语习语的文化内涵及其语用研究 [M]. 北京：外语教学与研究出版社，2007

[7] 钟书能. 英汉翻译技巧 [M]. 北京：对外经济贸易大学出版社，2010.

[8] 周荐. 汉语词汇结构论 [M]. 上海：上海辞书出版社，2004.

[9] 白雅，岳夕茜. 语言与语言学研究 [M]. 昆明：云南大学出版社，2010.

[10] 包惠南，包昂. 中国文化与汉英翻译 [M]. 北京：外文出版社，2004.

[11] 曹诗图等. 旅游文化与审美 [M]. 武汉：武汉大学出版社，2010.

[12] 曾庆茂. 英语修辞鉴赏与写作 [M]. 上海：同济大学出版社，2007.

[13] 陈坤林，何强. 中西文化比较 [M]. 北京：国防工业出版社，2012.

[14] 成昭伟，周丽红. 英语语言文化导论 [M]，北京：国防工业出版社，2011.

[15] 范祖民. 实用英语修辞 [M]. 北京：科学出版社，2010.

[16] 何江波. 英语翻译理论与实践教程 [M]. 长沙：湖南大学出版社，

2010.

［17］何远秀.英汉常用修辞格对比研究［M］.成都：西南交通大学出版社，2011.

［18］胡曙中.英汉修辞跨文化研究［M］.青岛：青岛出版社，2008.

［19］胡壮麟.语言学教程（第3版）［M］.北京：北京大学出版社，2007.

［20］黄成洲，刘丽芸.英汉翻译技巧［M］.西安：西北工业大学出版社，2008.

［21］黄勇.英汉语言文化比较［M］.西安：西北工业大学出版社，2007.

［22］江峰，丁丽军.实用英语翻译［M］.北京：电子工业出版社，2009

［23］蒋童，钟厚涛.英语修辞与翻译［M］.北京：首都师范大学出版社，2008.

［24］兰萍.英汉文化互译教程［M］.北京：中国人民大学出版社，2010.

［25］李建军.文化翻译论［M］.上海：复旦大学出版社，2010.